독자의 1초를 아껴주는 정성!

세상이 아무리 바쁘게 돌아가더라도
책까지 아무렇게나 빨리 만들 수는 없습니다.
인스턴트 식품 같은 책보다는
오래 익힌 술이나 장맛이 밴 책을 만들고 싶습니다.

땀 흘리며 일하는 당신을 위해
한 권 한 권 마음을 다해 만들겠습니다.
마지막 페이지에서 만날 새로운 당신을 위해
더 나은 길을 준비하겠습니다.

독자의 1초를 아껴주는
정성을 만나보십시오.

미리 책을 읽고 따라해 본 베타테스터 여러분과
무따기 체험단, 길벗스쿨 엄마 기획단,
시나공 평가단, 토익 배틀, 대학생 기자단까지!

믿을 수 있는 책을 함께 만들어주신 독자 여러분께 감사드립니다.

(주)도서출판 길벗 www.gilbut.co.kr
길벗이지톡 www.eztok.co.kr
길벗스쿨 www.gilbutschool.co.kr

사두면 오르는 아파트 서울과 연결된 신설 역세권에 있다!

GTX 시대, 돈이 지나가는 길에 투자하라
Investments of GTX

초판 발행 · 2020년 3월 27일
초판 3쇄 발행 · 2021년 1월 29일

지은이 · 박희용(부동산히어로)
발행인 · 이종원
발행처 · (주)도서출판 길벗
출판사 등록일 · 1990년 12월 24일
주소 · 서울시 마포구 월드컵로 10길 56(서교동)
대표 전화 · 02)332-0931 | **팩스** · 02)323-0586
홈페이지 · www.gilbut.co.kr | **이메일** · gilbut@gilbut.co.kr

기획 및 책임 편집 · 최한솔(sol@gilbut.co.kr) | **디자인** · 황애라 | **영업마케팅** · 최명주, 전예진
웹마케팅 · 이정, 김진영 | **제작** · 손일순 | **영업관리** · 김명자 | **독자지원** · 송혜란, 홍혜진

교정교열 · 김혜영 | **일러스트** · 김태은 | **전산편집** · 예다움
CTP 출력 및 인쇄 · 북토리 | **제본** · 신정문화사

ISBN 979-11-6521-084-7 13320
(길벗도서번호 070427)

정가 17,000원

독자의 1초를 아껴주는 정성 '길벗출판사'

길벗 | IT실용서, IT/일반 수험서, IT전문서, 경제실용서, 취미실용서, 건강실용서, 자녀교육서, 어학단행본, 어학수험서
더퀘스트 | 인문교양서, 비즈니스서
길벗스쿨 | 국어학습서, 수학학습서, 유아학습서, 어학학습서, 어린이교양서, 교과서

페이스북 · https://www.facebook.com/gilbutzigy
유튜브 · https://www.youtube.com/ilovegilbut
네이버포스트 · https://post.naver.com/gilbutzigy

GTX시대,
돈이
지나가는 길에
투자하라

박희용(부동산히어로) 지음

길벗

자금이 부족한 부동산 투자자의 진입장벽을 낮추고 실질적인 투자 방향을 제시한다

아파트 투자의 실질적인 해결책을 제시하는 책

부동산은 인류가 존재한 이래로 늘 우리와 함께해 왔다. 그중 가장 친숙하고 우리의 관심을 끄는 대상은 단연 아파트다. 그러나 막상 투자라는 관점에서 접근하면 왠지 모르게 그 친숙함은 희석되고 곧 난해함에 봉착하고 만다. 그러한 문제를 해결하고자 많은 책들이 출간되지만, 대부분이 이론에 집착한 나머지 실질적인 해결책을 제시하지 못하는 한계를 지닌다.

이 책은 그러한 한계를 단숨에 뛰어넘는 비책을 제시한다. 저자가 단순히 책에서 길어 올린 지식이 아니라 직접 현장을 발로 뛰며 흘린 땀에서 길어 올린 지혜를 담았기 때문이다.

저자의 성공과 실패담을 나의 자양분으로 삼자

누구나 자신의 성공담을 이야기하기는 쉬워도 실패담을 토로하기는 매우 어렵다. 진정한 용기와 진정성을 갖춘 이만이 자신의 실패를 담론으로 삼을 수 있다. 저자는 아파트 투자의 실패를 자산으로 삼아 성공을 일궈냈다. 그리고 그 성공의 비법을 독점하지 않고 아파트 투자에 열정을 품은 모든 분들과 공유하고자 한다. 그 선한 영향력이 세상에 가득 퍼지길 두 손 모아 기도한다.

진입장벽이 높아도 투자할 곳은 늘 있다!

부동산 투자는 부동산의 인문적 특성인 고가성으로 인해 진입장벽이 매우 높은 편이다. 저자는 그러한 장벽을 넘을 수 있도록 적은 자금으로 투자할 아파트를 찾아내는 구체적인 방법을 제시한다. 부동산 투자의 대중화 시대에 저자의 역할이 기대된다.

박희용 저자가 나의 공인중개사 제자들 중 가장 치열하게 공부했음을 믿어 의심치 않는다. 그 치열함을 아파트 투자에 오롯이 녹여 마침내 《GTX 시대, 돈이 지나가는 길에 투자하라》 출간으로 청출어람의 기쁨을 선물해 준 제자에게 감사할 따름이다.

아무쪼록 독자들이 이 책을 통해 아파트 투자의 기본기를 다지고, 더 나아가 투자의 의미와 철학을 만끽하길 기원한다.

늘 첫 마음으로
오늘 이 순간 가장 치열하고 행복하시길 기원드리며
공인중개사 전 과목 강사 홍평화 올림

서울에서 파생되는 철도노선을 보면
누구나 도전할 수 있는 소액 투자처가 보인다

일반 서민도 할 수 있는 부동산 투자처를 찾아서

현재 시중에는 수많은 부동산 투자 관련 서적들이 있다. 하나같이 훌륭한 내용들이며, 확실한 개발호재와 철저한 분석을 통해 알기 쉽게 풀어 쓴 책도 많다. 나 역시 그 책을 쓴 저자들의 깊은 내공에 경의를 표하기도 했고, 그분들을 통해 새로운 정보를 얻기도 했다. 하지만 그 많은 책들을 보면서 한 가지 아쉬움을 지울 수 없었다.

서울만 하더라도 크고 작은 재개발과 재건축 사업이 진행 중이고, 3기 신도시 중에서 과천은 양재, 서초 생활권과 바로 접해 있는 만큼 확실한 투자처가 맞다. 그러나 이렇듯 누가 봐도 확실한 투자처는 큰 자금을 안정적으로 오랫동안 투자할 여력이 없는 일반 서민들에게는 현실적으로 그

림의 떡이나 마찬가지이다.

　이 책에서는 기존 광역철도 및 도시철도에서 경기도로 파생되는 신설 노선과 수도권 광역급행철도(GTX) 노선을 중심으로, 일반 서민들도 큰 자금 없이 투자가 가능한 곳을 찾는 눈을 키우는 데 중점을 두었다.

결국 부동산 투자가 답이다

나는 아파트 투자를 통해 엄청난 부자가 되자는 뜻으로 이 책을 집필하지 않았다. 우리는 한 달, 일 년 내내 열심히 일해서 아무리 알뜰하게 돈을 모아도 하늘 높은 줄 모르고 오르는 부동산 시세를 결코 따라잡을 수 없는 시대, 전세로 살거나 예금과 적금을 꾸준하게 넣는 것이 결국 확정적 손해라고 하는 시대에 살고 있다. 과연 이런 시대에 어떻게 하면 내 힘으로 내 집을 마련할 수 있는지, 나아가 미래를 계획하는 데 도움이 될 정도로 수익을 얻을 수 있는지 고민하고 또 고민한 결과, 결국 부동산밖에 답이 없다는 사실을 독자 여러분에게도 깨우쳐 주고 싶었다.

　부디 이 책에 녹아있는 나의 크고 작은 경험들이 보다 나은 미래를 계획하는 여러분에게 작게나마 보탬이 되기를 진심으로 바란다.

부동산히어로
박희용

1부   부동산 가치를 높이는 핵심요소! 신설 철도망

인생을 바꾼
부동산과의 첫 만남

절박한 상황에서 잡은 동아줄, 부동산

　서른 즈음 나는 당시 경기도 수원의 모교에서 석사학위 논문을 마무리 중이었다. 바쁜 시간을 쪼개서 오랜만에 고향집에 내려갔는데, 평소 내가 알던 고향집의 모습과는 사뭇 다른 분위기가 느껴졌다. 부모님께서 계획하신 일이 잘 진행되지 않았고, 그 여파로 조상대대로 내려오던 집과 땅이 모두 경매로 넘어가게 된 상황이었다. 이모네 방 한 칸에서 우리 세 식구는 둘러앉아 한숨만 푹푹 내쉬었고 어머니께서 하염없이 눈물을 흘리셨던 기억이 난다.

　나는 한동안 뚜렷한 해답을 찾지 못했다. 연구자로서 삶에 자부심을 지니고 살았지만, 집안 사정이 어려워졌음에도 아무런 대안도 마련하지 못하는 나약한 내 모습에 자괴감이 들었다. 이 사건으로 인해 그동안 가져왔던 나름의 자부심마저 부질없게 느껴졌다. 그런 한편으로 조상대대로 내려오던 집과 땅이 과연 어떤 과정을 거쳐 남의 손에 넘어가게 되었는지 제대로 알고 싶다는 생각도 들었다. 당시 짧은 생각으로는 그 과정을 제대로 알면, 잃어버린 우리 집과 땅을 되찾을 수 있을 것만 같았다.

　애초 계획은 석사과정을 마친 후 바로 박사과정을 밟는 것이었지만, 오랜 고민 끝에 진학을 포기하기로 했다. 그리고 집안에 도움이 되면서 나의 미래도 구체적으로 준비할 수 있는 쪽으로 진로를 변경하기로 마음을 굳혔다.

하지만 결심을 실천으로 옮기기 위해서는 많은 시간이 필요했다. 나는 생명공학을 전공하고 국공립연구소, 제약회사, 화장품회사 등에서 10여 년간 연구원 생활을 했으며, 그 분야에서는 나름 전문성이 있다고 자부하며 살았다. 학창시절을 포함해서 나의 인생 절반이 넘는 시간을 함께해온 전문분야였기에 이 모든 것을 내려놓은 후에 찾아올 회의감이 두려웠다. 더욱이 나는 다른 직장인들처럼 정해진 월급에서 일정 금액을 꼬박꼬박 저축했고, 푼돈을 성실하게 모아서 집을 사겠다는 순수한 생각을 갖고 살던 사람이었다. 그런데 예측 가능한 직장생활을 내려놓고 전혀 새로운 분야를 개척해야 한다는 부담감은 진로 변경에 큰 장애물이 되었다.

그러나 계속 그렇게 시간만 보내고 있을 수는 없었다. 월급만 바라보고 사는 상태에서는 지금 당장은 물론, 앞으로도 전혀 상황이 나아질 것 같지 않았기 때문이다.

불안한 미래, 책에서 해답을 찾다

하지만 당장 어느 분야로 진로를 변경해야 할지 결정하는 것도 문제였지만, 어느 분야로 전업하든 경력이 전무했기에 수입이 크게 줄어드는 것이 더 큰 문제였다.

가세가 기울어 당장 돈이 필요한 데다, 덜컥 직장을 그만두고 다른 무언가에 몰두하기에는 위험부담이 매우 큰 상황이었다. 그래도 평생 공부라는 것을 하고 살아서인지, 답답한 마음을 풀 돌파구를 찾기 위한 장소로 가장 먼저 떠올린 곳은 바로 서점이었다. 주말을 이용해 서점에 가서 당시 내 상황에 도움이 될 만한 책을 찾던 중 아파트 갭투자를 주제로 쓴 단행본 한 권이 눈에 들어왔다. 책 분량은 많았지만 요약하니 내용은 굉장히 단순했다.

세대수 많고, 시세가 꾸준히 완만한 상승세를 그리면서, 주변에 개발호재가 있거나, 대규모 일자리가 있으면 무조건 오르는 아파트이니 사라는 것이 주된 내용이었다. 사실 이런 주장이 무리도 아니었던 것이 당시는 한창 갭투자가 성행했고, 별다른 공부와 고민 없이도 아파트를 사두면 수익률의 차이만 있을 뿐 소폭이나마 대부분 오르던 시절이었다. 당시 상황과 맞물려 나 역시 경기도 안양시에 있는 한 아파트를 매입하려고 마음을 먹었다.

첫 투자에 성공해 자신감을 얻다

손을 부들부들 떨며 그동안 들어두었던 적금 및 연금보험을 해지하고, 월급에서 꼬박꼬박 조금씩 모은 돈까지 합치니 2,000만원 정도가 손에 쥐어졌다. 아파트를 매입하려면 당시 세입자의 전세보증금 외에도 약 6,000만원의 자금이 필요했는데 나머지 부족한 4,000만원은 신용대출로 채웠다. 주거래은행에서 신용대출로 연봉의 150% 수준까지는 무리 없이 받을 수 있어서 부족한 금액을 큰 어려움 없이 채울 수 있었다.

겉으로 보기에는 과감하게 결단하고 실행한 것처럼 보였지만, 대출은 곧 빚이라고만 생각하던 나는 과연 이게 잘하는 짓인지 아파트 매입 이후에도 한동안 머릿속이 복잡했다. 당시 3%대 중반의 금리에 원금은 만기 일시상환 조건으로 신용대출 4,000만원을 받았고,

아파트를 매도하기 전까지 약 2년간 매달 이자만 15만원 정도를 상환해야 했다.

2년여가 흘러 이 아파트 시세는 매입 당시보다 5,000만원 상승했다. 나는 2년간의 이자와 부동산 중개보수 등 부대비용을 제외하고도 약 4,500만원을 손에 쥘 수 있었다. 이 수익금은 시골에 계신 부모님께서 당장 거주하실 작은 집을 전세로 얻고, 급하게 필요한 가전제품을 중고로 구매하는 데 사용했다.

지금도 부모님께서는 당시 잘못된 판단으로 자식의 공부길을 막았다며 한스러워하시지만, 나는 부동산을 활용해 어려움을 해소하고 전혀 새로운 분야로 진출하는 데 초석이 되었던 그때 상황에 오히려 감사한다. 그때 그런 일이 없었다면, 나는 아직도 월급이 전부인 세상에서 전전긍긍하며 살고 있지 않을까?

참승을 만나다

가장 중요한 것은 기본기를 탄탄히 다지는 것

나는 무슨 일을 시작할 때, 시간이 많이 걸리더라도 기본기부터 탄탄하게 다지고 시작하는 것을 선호하는 편이다. 결혼 전부터 아파트 갭투자로 수익도 얻어 보았고 여러 서적을 통해 지식도 쌓았지만, 그런 경험이나 지식이 유기적으로 어우러지지 못하고 각각 떨어져 체계가 잡히지 않는 듯한 느낌을 지울 수가 없었다. 그러다가 이렇게 단편적인 지식만 조각조각 계속 쌓을 것이 아니라, 전문자격을 취득해서 가장 기본이 되는 법률지식을 탄탄하게 쌓고 나의 미래도 구체적으로 준비해 보자고 마음먹게 되었다.

지금 생각해 보면 실무경험 없이는 부동산 전문자격증이 있든 없든 별반 다를 것이 없었음에도, 당시에는 자격증만 취득하면 이전보다 상황이 훨씬 나아질 거라는 생각에 지푸라기라도 잡는 심정으로 정말 절박하게 시험을 준비했던 기억이 난다. 당시 사정이 넉넉하지 않아 적잖은 돈이 드는 전문학원에 등록하기가 쉽지 않았다. 무엇보다 자격시험 공부를 시작할 무렵에는 직장생활과 육아를 병행해야 해서 따로 시간을 뺄 수 없었고, 마음 편하게 앉아서 공부에 집중할 수도 없었다. 수험기간 내내 편하게 앉아서 공부해 본 기억이 거의 없는 것 같다.

여러 여건상 공부에 전념할 수 있는 시간과 장소가 마땅치 않았기에 새로운 교과내용은 아이들이 모두 잠든 이후부터 3시간씩 공부해서 익혔다. 예를 들어 아이들이 밤 10시에 잠들면 그때부터 새벽 1시까지, 11시에 잠들면 그때부터 새벽 2시까지 새로운 내용을 익히는 시간으로 활용했다.

전날 밤에 새로 익힌 내용은 출퇴근 시간 전철 안에서 복습했다. 내가 수험기간 당시 거주하던 곳이 경기도 군포시 산본동이었고, 직장이 서울대학교였으니, 전철로 출퇴근하는 시간에서 환승하는 시간을 제외하면 매일 2시간 정도 전철 안에서 공부에 집중할 수 있었다. 이렇게 평일을 보내고, 주말에는 책을 내려놓고 오로지 가족과 시간을 보내는 데 집중했다.

좋은 스승은 나의 노력에 날개를 달아준다

나에게 맞는 교재를 구하기 위해 간 서점에서 우연히 국내 유일의 공인중개사 전 과목 강사 선생님이 집필한 책을 만날 수 있었다. 이 분에 대해 검색해보니, 따로 아카데미를 운영하는 분도 아니었고 크게 영리를 추구하는 분도 아니었다.

이런 순수함에 끌렸을까? 당시 책 내용도 꼼꼼히 보지 않고 1, 2차 교재 전부를 덜컥 사왔던 기억이 난다. 이분과 함께한 수험생활 동안 나는 부동산에 대해 아무것도 몰랐던 일반인에서 '부동산이란 무생물이지만, 자극을 주면 어김없이 반응하는 마치 생물 같은 존재'라고 나름대로 정의를 내릴 수 있는 수준에 다가갔다. 이분이 운영하는 인터넷 카페에 너무하다 싶을 정도로 수많은 질문을 쏟아냈는데, 감사하게도 주말, 휴일 할 것 없이 흔쾌히 모든 질문에 장문의 답변을 달아주셨다.

무엇보다 나는 이분이 직접 제작한 책과 강의를 통해 다시 한번 느끼고 깨달은 것이 있었다. 우리가 현재 자격증 취득을 목표로 하고 있기에 어쩔 수 없이 시험에서 중요한 부분을 더욱 강조하고 있지만, 공부에서 중요한 부분과 그렇지 못한 부분을 따로 구분해서는 안 된다는 것이었다. 그리고 한 분야에서 전문가가 되고자 한다면 내가 보고 배운 모든 것을 알고 이해할 수 있어야 한다는 것이 강의의 요지였다.

강의 중간 중간에 하시는 덕담이 마치 평소 나의 생각인 것처럼 모두 공감이 되었고 마음에 와 닿았다. 한 강의당 40여분씩 총 300강이 넘는 강의를 수강하면서 단 한 번도 다른 생각을 하거나 지루함을 느끼지 못했다. 이분의 책과 강의를 수험에 필요한 지식을 얻는 수단이라기보다 새롭게 인생을 배우는 소중한 기회로 여긴 덕분이었다.

이분이 해주신 여러 덕담 중에서 "공부라는 것은 결국 절박함이다.", "똑똑한 사람보다 끝까지 앉아있는 사람이 좋은 성과를 거둔다.", "합격의 열쇠는 정독보다는 다독이다."라는 말씀이 가장 기억에 남는다. 결국 꾸준함을 강조하신 것이다. 교재에 따라 조금 차이는 있지만, 자격증 취득 시험을 위해 공부해야 하는 분량은 대략 2,000여 페이지로 너무나도 방대하다. 처음부터 이해하며 넘어가더라도 중간쯤 가다 보면 처음에 봤던 내용이 생각나지 않는다. 이런 어려움 때문에 많은 수험생들이 중도에 포기하곤 한다. 당시 기억으로 내가 수강했던 300여 강의 중 맨 마지막 강의 조회 수가 56회였는데 내가 세 번을 수강했으니, 이 기준으로 생각하면 실제로 꾸준하게 끝까지 공부한 사람은 대략 20명 내외로 추측할 수 있다. 그해 이분이 집필한 교재로 공부한 사람이 대략 350여명이고 그중 최종 합격자가 17명이었던 것을 감안하면, 꾸준함을 유지하는 것과 시험의 당락은 결코 무관하지 않다는 것이 증명된 셈이다.

결국 모든 것을 알고 있어야 한다

내가 이분과 약속한 것이 있다. 부동산 분야에서 스스로 납득할 만한 작은 성공을 거두면 꼭 한번 찾아뵙겠다는 약속이다. 이미 많은 시간이 흘렀기에 지금까지 그 약속을 기억하고 계실지는 장담할 수 없지만, 하루 속히 만나 뵙기를 학수고대한다.

나는 이분의 가르침 속에서 수험생활을 보내면서 이런 생각을 했다. 현재 시행되는 각종 국가자격시험 및 민간자격시험 중 절대평가로 당락을 결정하는 경우는 통상 100점 만점에 60점 이상 획득한 사람에게 합격의 영광을 준다. 그런데 이때 60점 이상 획득하면 합격증을 준다는 의미는 10개 중에 6개만 알면 전문가로 인정해주겠다는 의미가 아니다.

시험에 출제되는 모든 내용을 알고 있음에도 인간이기에 당일 실수하는 부분들 그리고 자격시험 특성상 매년 교과 외적인 부분에서 새롭게 출제되는 문제들 등 여러 가지 상황을 참작할 때, 최소한으로 득점해야 하는 점수를 60점이라고 보는 것이다.

누구나 한 번쯤 이런 경험을 해 보았을 것이다. 교과 전반에 대한 충분한 이해 없이 요약집이나 중요하다고 표시된 부분만 공부했다가, 많이도 아니고 항상 딱 몇 문제 차이로 합격 커트라인을 넘지 못하는 일 말이다. 이럴 때 우리는 보통 아쉽게 탈락했다고 하지만, 아마도 생각을 바꾸지 않는다면 앞으로도 계속 비슷한 결과가 나올 확률이 높다.

내가 이분의 강의 철학까지 정확하게 알 수는 없다. 하지만 지금 와서 생각해 보면, 이분은 나의 수험생활 처음부터 마지막까지 매번 다른 표현으로 결국 중요한 것은 기본기와 꾸준함이라는 것을 가르쳐주신 것이 아닐까 싶다.

흔히 부동산 분야에서 수험과 투자를 전혀 별개의 분야로 보곤 하는데 나의 생각은 조금 다르다. 수험공부를 통해 투자의 기본이 되는 탄탄한 법률지식을 쌓을 수 있고, 이것이 수시로 바뀌는 정책과 개정되는 법률을 빠르게 이해하고 실전에 적용하는 데 좋은 밑거름이 돼준다고 생각한다. 그리고 나는 지금도 이 과정을 꾸준히 반복하고 있다.

실패를 통해 투자에 눈을 뜨다

나름 자격증까지 취득했는데 투자에 실패하다니

아이러니한 것은 어쩌다 시작한 아파트 투자로 수익을 얻은 이후, 오히려 많은 서적을 통해 지식을 쌓고 부동산 전문자격증까지 취득한 뒤에 도전한 두 번째 투자에서 실패를 경험했다는 것이다.

나는 향후 부동산 분야에서 전문가로 활동하더라도 투자에서 직접 여러 번 성과를 내 봐야 고객이 믿고 상담을 의뢰할 것으로 생각하고, 아파트와 주변 상황의 상관관계에 대해 탐구하기 시작했다.

내가 아파트를 투자 대상으로 삼은 이유는 토지나 상가에 비해 시세를 쉽게 확인할 수 있고, 거래도 빈번해서 객관적인 지표로 삼기에 좋았기 때문이다. 이러한 내 생각은 틀리지 않았다. 객관적인 지표에 나만의 주관을 입히니 오르는 아파트의 공식이 눈에 들어왔다.

경기도 일대에서 전반적으로 시세가 낮으면서 매매가와 전세가의 갭차이가 크지 않은 아파트 단지 위주로 지난 몇 년간 시세변동 추이를 비교해 보았다. 그랬더니 이 아파트 단지들의 공통점을 발견할 수 있었다. 세대수가 많고, 특별한 가격조정 없이 다년간 시세가 꾸준히 완만히 상승세를 타면서, 주변에 개발호재가 있거나 대규모 일자리가 있으면 어김없이 향후에도 시세가 계속 상승한다는 것이었다. 이와 유사한 이론은 다른 서적에서도 습득한 내용이었고 결혼 전 투자경험에서도 이미 실제로 검증한 바 있었다.

아파트마다 시세가 눈에 보일 정도로 상승하는 시기에는 대규모 개발호재가 있다는 것은 물론, 일반인은 전문적인 자료 열람 없이 포털사이트나 뉴스에서 실시간으로 보도하는 정보만 참고해도 충분하다는 것도 알게 되었다.

이런 공식을 기반으로 살펴보니 800여 세대에 과거 5년간 시세하락이 없었고, 바로 인근에 큰 공단이 자리한 신설 역세권 예정지 주변의 한 소형 아파트 단지가 눈에 들어왔다.

│ 과감한 투자에 이은 실패, 원인은?

어디서 나온 용기였을까? 당시를 회상해 보면 조금 더 확인 작업이 필요했지만, 나는 나의 판단을 믿고 약간의 대출과 보유 중인 자금을 합쳐 과감하게 그 아파트를 매입했다.

당시 시세 2억 1,000만원이었던 그 아파트에는 1억 8,000만원의 조건으로 전세계약이 체결되어 있었다. 나는 갖고 있던 현금 1,000만원에 현재 살고 있는 집 담보로 2,000만원을 추가로 대출 받아 매입에 필요한 자금을 마련했다. 당시 담보대출금리가 2%대 초중반이었고, 대출금 역시 2,000만원으로 많지 않았기 때문에 생활에는 아무런 문제도 없을 거라는 판단이었다.

이 아파트를 매입하면서 처음에는 양도소득세가 비과세되는 구간에서 투자자금 대비 수익률이 100%만 발생하면 매도하려고 계획했다. 그러나 매입 후 약 2개월 만에 500만원이 오르는가 싶더니, 이후 시세가 급격히 하락하며 결국 약 1년 만에 시세가 6년 전 수준까지 하락하고 말았다.

나름의 공식에 입각해서 투자에 나섰지만 이렇듯 실패를 경험한 이유는 무엇이었을까? 이후 곰곰이 분석해 보니 인근 2기 신도시의 막대한 공급물량을 계산하지 못했고, 대형 개발계획 발표 후 적절한 매입시기를 계산하지 못하는 등 아직은 완전하지 않은 나만의 투자 공식을 너무 맹신한 탓이었다.

냉정히 따져 보면 결혼 전 첫 아파트 투자에 나름대로 성공을 거둘 수 있었던 것도 운 좋게 얻은 결과였다. 당시에는 수도권 전체 아파트 시장이 호황을 누리던 시기였기에, 주변 추가 공급계획이나 신규 개발호재 같은 요인을 전혀 고려하지 않았음에도 투자에 성공할 수 있었던 것이다.

그 아파트는 지금도 매도하지 못하고 있으며, 2기 신도시 공급물량소진 완료와 함께 시세를 서서히 회복 중이다. 이 일은 내가 한 번의 투자성공 경험과 부동산 전문자격증을 취득한 후 초기에 겪은 일이다.

성공과 실패로 얻은 교훈 이후 확립한 투자원칙

나는 부동산 투자 전략을 조금 보수적으로 세우는 편이다. 비록 공격적으로 투자했을 때보다 수익은 줄어들더라도, 손해가 발생하거나 누군가 피해를 입는 일은 없어야 하기 때문이다.

비록 대부분의 투자 자금을 대출에 의존했지만, 지금까지 단 한번도 생활의 어려움이 없었던 것은 나만의 무리하지 않는 투자전략을 고수한 덕분이라고 생각한다. 현재 보유 중인 아파트 2채에서 주기적으로 투자 수익이 발생하고 있고, 그동안의 투자 경험을 주제로 유튜브 크레이터로 활동하고 있다. 나는 부동산 투자를 통해 생활의 안정을 넘어, 누구나 꿈꾸는 프리랜서로서의 삶까지 얻을 수 있었다.

뒤이어 나올 본문에 이런 생각을 전제로 그동안의 경험을 녹여냈다. 이제 막 투자에 뛰어드는 투자자가 읽어보면, 특히 매입과 매도 타이밍에 대한 이해가 더욱 쉬울 것이다.

1부

부동산 가치를 높이는
핵심요소!
신설 철도망

아파트의 가치를 높이는 핵심 요소는 뭐니뭐니해도 업무시설이 집중되어 있는 서울 중심지까지의 접근성이다. 아무리 내 집 앞에 새로운 역이 신설된다고 하더라도, 서울 중심지와의 접근성이 떨어지면 시세상승에는 한계가 있을 수밖에 없다.

1부에서는 신설 철도 노선별 세부적인 설명에 앞서 여전히 투자여건이 좋음에도 서울을 왜 투자대상에서 제외하는지, 역세권 아파트의 미래가치 유무는 어떻게 판단하는지, 왜 다른 교통수단보다 유독 철도에 초점을 맞추어야 하는지, 정부에서 발표하는 철도사업계획은 어떻게 보고 이해해야 하는지 등을 상세히 설명한다.

아파트 투자라는 본격적인 레이스에 참가하기 전에 체력을 기르는 순서라고 생각하고, 꼼꼼히 읽어주기를 당부한다.

가치가 오를 아파트를 찾는데
서울은 왜 제외하나?

서울 주택 공급물량, 여전히 그리고 앞으로도 부족하다

항간에서는 서울 아파트 가격에 더 이상 상승여력이 없다는 의견과 그래도 여전히 서울이라는 의견이 분분하지만, 실상은 후자 쪽이 지배적이다. 그 근거는 부족한 공급물량이다. 대규모 재개발과 재건축 사업을 통해 주택 공급이 활발히 이루어지고 있음에도 불구하고, 멸실주택으로 사라지는 수를 감안하면 서울의 공급물량은 여전히 부족하기 때문이다.

멸실주택은 재개발, 재건축 사업과 같은 도시개발사업이 진행될 부지에 원래 있던 기존 주택을 말한다. 우리가 뉴스나 각종 통계자료에서 보는 서울 공급물량은 오로지 실제 건설계획인 주택 수를 표시한 것이며, 멸실주택은 고려하지 않은 수치이다. 재개발 구역에 신도심을 만들어 새로운 아파트를 공급하기 위해서는 불가피하게 그 구역 내에 있던 허름한 기존 주택들을 모두 철거해야 하는데, 그 수를 전혀 고려하지 않았다는 뜻이다. 결국 멸실주택 수를 고려하면, 현재 서울에 계획대로 주택을 신규로 공급한다고 해도 전체 주택 수는 거의 늘어나지 않는다고 볼 수 있다. 다음 그래프를 보면 2015년부터 2018년까지 오히려 멸실주택 수가 공급주택 수보다 월등히 많은 것을 알 수 있다.

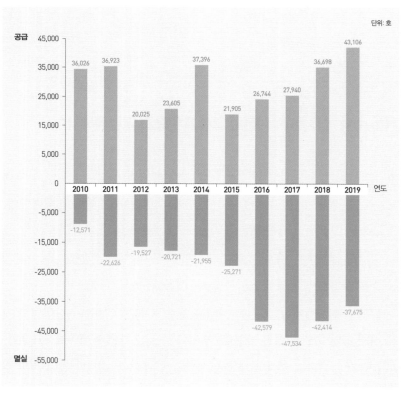

■ 서울 공급주택 수와 멸실주택 수 비교

출처: 국토교통부

28

얼핏 보기에는 기존에 있던 건물보다 훨씬 높은 건물이 들어오니 세대 수가 많이 늘어날 것 같은데, 왜 이런 현상이 발생할까?

재건축과 재개발로는 주택 수가 크게 늘지 않는다

서울의 재건축 사업은 승강기도 없고 오래된 저층 대단지 아파트를 허물고, 토지의 용도지역을 변경해 동일 면적의 토지 위에 훨씬 높은 층수의 아파트를 올리는 식으로 이루어진다. 동일한 면적에 기존 아파트보다 배이상 높은 아파트를 올렸으니, 세대수가 굉장히 많아질 것 같지만 실제로는 그렇지 않다.

과거 저층 아파트들은 10평대 세대를 한 층에 복도식으로 6~10여 세대이상 배치했으나, 재건축 아파트는 최소한 20평대 이상의 세대를 한 층에 많아야 3~4세대씩 계단식으로 배치한다. 따라서 겉으로 보기에는 건물 높이가 2~3배 높아져도 실제 세대수는 거의 증가하지 않는다.

서울의 재개발 사업도 마찬가지다. 기존의 낡고 오래된 단독주택 위주의 구도심을 철거하고, 역시 토지의 용도지역 변경을 통해 동일 면적 토지 위에 훨씬 높은 층수의 아파트를 올린다. 그런데 재개발 구역에는 신축 아파트뿐만 아니라, 새로 도로를 내고 공원도 조성하는 등 신도심에 맞는 기반시설이 들어올 공간 또한 필요하다.

넓은 공간에 낮은 단독주택이 주를 이루던 형태에서 같은 공간에 높은 아파트와 기타 기반시설이 들어오는 형태가 되니, 실제 세대수 증가는 소수에 그친다. 그리고 결정적으로 서울은 경기도와 경계를 두기 위해 그린 벨트로 둘러싸여 있어서 도시가 팽창하는 데 공간적 한계를 지닌다.

결국 그리 넓지 않은 그린벨트 지역을 최대한 풀어 택지를 공급하고 재개발과 재건축 사업을 활발히 진행한다고 하더라도, 주택을 충분히 공급하지 못하니 서울 아파트 가격은 한동안 계속 오를 확률이 높다.

왜 서울로 몰릴까? 이유는 직주근접성

직주근접이란 쉽게 말해 내 거주지와 일터가 아주 가까운 거리에 있다는 뜻이다. 서울 내에서는 대부분 40분 이내에 대규모 업무시설이 모여 있는 중심지로 접근할 수 있다.

앞으로 노령화와 출산율 감소가 노동력 감소로 이어지고, 여성의 사회 진출이 더욱 높아지면서 맞벌이 부부가 점점 많아질 확률이 높다. 맞벌이 부부의 증가는 육아와도 관련이 높다. 현재도 직주근접은 아파트 가격을 올리는 주된 요인이지만, 퇴근 후 육아를 걱정해야 하는 인구가 점점 늘어나는 현실만 보더라도 향후 직주근접을 원하는 수요는 더욱 늘어날 것이다. 그리고 이러한 현상은 결국 서울 아파트 가격 상승으로 귀결될 것이다.

서울 아파트는 계속 상승하겠지만 투자는 글쎄

여러 지표로 볼 때 서울 아파트 가격은 한동안 계속 상승할 수밖에 없다. 많은 사람들이 이러한 사실을 잘 알고 있음에도 서울을 투자대상에서 제외할 수밖에 없는 이유는 무엇일까? 바로 일반 서민들이 투자 목적으로 접근하기에 서울은 현실성이 부족하기 때문이다.

독자들에게 가벼운 질문을 던져보고자 한다. 서울 내에서 교통 여건이 좋지 못하거나 세대수가 적은 나 홀로 아파트를 제외하고, 흔히 말하는 역세권의 400세대 이상 아파트 중에서 실거래가 6억원대 미만의 매물을 쉽게 찾아볼 수 있을까? 아마도 현 시점에서 이 물음에 긍정적으로 대답하기는 힘들 것이다.

2019년 초 국토교통부가 조사한 서울 매매가 상위 10개 지역의 평균시세를 살펴보면, 가장 높은 곳은 강남구로 평(전용면적 3.3m²)당 4,298만원이고 낮은 곳은 중구로 평당 2,230만원을 호가한다. 예를 들어 중구에서 30평 아파트를 구입할 때 필요한 자금은 약 6억 7,000만원이므로, 평균 50% 수준인 전세보증금의 힘을 빌린다고 해도 투자자금만 3억원대 중반 이상이 필요하다. 일반 서민이 투자 관점으로 접근하기에는 매우 큰돈이다.

■ 2019년 초 서울 평당 매매가 상위 10개 지역 평균시세

단위: 만원

	매매가	전세가
강남구	4,298	1,993
서초구	3,994	1,809
송파구	3,262	1,546
용산구	3,158	1,552
성동구	2,581	1,510
광진구	2,404	1,464
마포구	2,382	1,465
강동구	2,315	1,167
양천구	2,267	1,297
중구	2,230	1,378

출처: 국토교통부

평범한 서민에게 서울은 둘 다 어렵다

실거주와 투자용 아파트의 차이점

아파트를 매입하는 목적은 크게 실거주와 투자로 구분할 수 있다. 두 가지 목적 모두 출발은 동일하다. 누구나 교통이 편리하고, 교육환경이 좋으며, 각종 편의시설이 갖추어진 곳에 살고 싶어 한다. 그런 조건을 두루 갖춘 곳은 거래가 활발하므로 투자 목적으로도 좋다.

실거주와 투자의 차이점이 있다면 담보대출 활용이 가능한지 여부이다. 실거주 목적으로 아파트를 한 채 매입할 때는 내가 기존에 살던 전셋집의 보증금을 포함한 순수 보유자금과 매매대금의 차이를 메우기 위해 한도가 허락하는 한 담보대출을 원활히 활용할 수 있다. 하지만 투자 목적으로 아파트를 매입할 때는 세입자의 전세보증금이 반드시 필요하다. 이 경우에는 전세보증금이 선순위 채무로 인정되므로 담보대출을 활용할 수 없다.

즉, 내가 아파트 한 채를 매입하려고 하는데 가진 자금이 부족하다면 실거주 목적일 경우 대출을, 투자 목적일 경우 세입자의 전세보증금을 활용해야 한다. 이런 차이점이 있다는 것을 먼저 인지한 후, 왜 서울에서는 실거주 목적이든 투자 목적이든 평범한 서민들이 아파트를 매입하기가 쉽지 않은지 알아보자.

서울에서 실거주 목적으로 아파트를 매입한다면?

우선 실거주를 목적으로 하는 경우를 생각해 보자. 세입자를 내보내야 하니 매입자금은 오로지 보유하고 있는 순수 현금이어야 한다. 물론 대출을 활용할 수도 있지만, 서울은 조정대상지역과 투기과열지구로 묶여 있으므로 대출이 최대 40%를 넘지 못한다. 매매가가 7억원인 경우 최소 4억원 이상의 현금이 필요하다는 계산이 나온다. 세금, 중개수수료, 등기비용 등을 빼고서도 말이다.

제2금융권을 이용한다고 하더라도 사정은 크게 달라지지 않는다. 최대 70%까지 대출이 가능한 곳도 있으나 고금리의 부담을 감수해야 하며, 이때 역시 적지 않은 금액인 순수 현금 2억 1,000만원 이상이 필요하다. 다음 장의 표로 자세히 살펴보자.

■ 서울 매매가 상위지역 아파트 기준 실거주 매입계획 예시(제1금융권)

	평균매매가 (만원)	대출한도 40% (만원)	필요자금 (만원)	금리 4% 20년 기준 매달 원리금상환액
강남구	128,940	51,576	77,364	3,125,405원
서초구	119,820	47,928	71,892	2,904,344원
송파구	97,860	39,144	58,716	2,372,050원
용산구	94,740	37,896	56,844	2,296,424원
성동구	77,430	30,972	46,458	1,876,843원
광진구	72,120	28,848	43,272	1,748,132원
마포구	71,460	28,584	42,876	1,732,135원
강동구	69,450	27,780	41,670	1,683,414원
양천구	68,010	27,204	40,806	1,648,509원
중구	66,900	26,760	40,140	1,621,604원

출처: 국토교통부(2019년 초 기준)

■ 서울 매매가 상위지역 아파트 기준 실거주 매입계획 예시(제2금융권)

	평균매매가 (만원)	대출한도 70% (만원)	필요자금 (만원)	금리 10% 20년 기준 매달 원리금상환액
강남구	128,940	90,258	38,682	8,710,096원
서초구	119,820	83,874	35,946	8,094,025원
송파구	97,860	68,502	29,358	6,610,594원
용산구	94,740	66,318	28,422	6,399,833원
성동구	77,430	54,201	23,229	5,230,515원
광진구	72,120	50,484	21,636	4,871,817원
마포구	71,460	50,022	21,438	4,827,233원
강동구	69,450	48,615	20,835	4,691,454원
양천구	68,010	47,607	20,403	4,594,180원
중구	66,900	46,830	20,070	4,519,198원

출처: 국토교통부(2019년 초 기준)

기존에 3억원짜리 전세를 살던 사람이 전세보증금을 빼서 매입자금의 상당 부분을 충당하고 나머지 금액을 대출 받는 경우를 예로 보더라도, 집한 채를 겨우 마련하는 데 그칠 뿐 그렇게 많은 대출을 깔고 앉아서는 미래를 기대할 수 없다.

그래도 사는 동안 집값은 오르지 않느냐고 반박할지 모르겠다. 물론 내가 살고 있는 아파트 시세가 오른다는 것은 매우 기분 좋은 일이다. 하지만 시세차익을 목적으로 이사한다면 제3의 지역으로 가지 않는 이상 기존 생활권인 그 근처에서 살아야 하는데, 근처 아파트들은 모두 같은 입지의 영향을 받아 올라도 같이 오르고 내려도 같이 내린다. 시세차익만큼 인근 집값도 오르므로 결국 내가 손에 쥘 수 있는 현금은 없는 셈이다.

전세를 끼고 투자용으로 아파트를 매입한다면?

투자 목적으로 생각해도 마찬가지이다. 다음 장의 그래프를 보면 서울의 평균 전세가율은 가장 높았던 2015년을 정점으로 지속적으로 하락하여, 2019년 말 기준 50%를 조금 넘는 수준을 유지하고 있다. 이 사실을 감안할 때 투자 목적으로 서울의 아파트를 매입하려면, 매매가가 7억원이라고 가정할 때 최소한 순수 보유자금이 3억 5,000만원 정도 필요하다는 계산이 나온다.

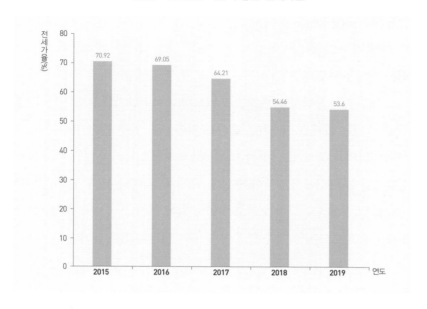

과연 평범한 서민 중에 누군가의 도움을 받지 않고, 순수 현금을 3억 5,000만원이나 보유하고 있는 경우가 얼마나 될까? 세입자의 전세보증금을 지렛대로 활용하면 대출을 받을 수 없으므로 역시 현실성이 떨어진다.

실제 서울에서 투자 수익성이 있는 아파트 가격대는 대부분 7억~9억원 이상을 형성하고 있으므로 실제로는 더 많은 현금이 필요하다고 볼 수 있다.

재개발 입주권에 투자한다면?

서울에서 진행 중인 주요 재개발 구역의 조합원 자격이 주어지는 입주권에 투자하는 경우는 어떨까?

현재 서울에서 사업진행 속도가 안정적인 수준까지 진행된 재개발 구역에서 매물로 나오는 재개발 입주권들을 보면 감정가 + P금액이 8억~9억원, 심지어 10억원 가까이 되는 경우가 많다.

물론 이 재개발 입주권을 준공 후까지 보유하면 주변시세에 수렴해서 결국 몇억원을 손에 쥐여줄 아파트가 되는 것은 틀림없는 사실이지만, 이런 수치들이 과연 서민들에게 현실성이 있을까? 지인에게 이런 이야기를 하니 "요즘은 로또 1등 당첨금이 10억인데, 그게 말처럼 쉽겠어?"라는 푸념이 돌아왔다.

그렇다면 현실적인 해답은 무엇일까?

지금까지 예시를 통해 그간 어렴풋이 알고 있던 서울 집값과 투자에 필요한 자금을 보다 객관적인 관점에서 간접적으로 체감해 보았다.

아마도 매달 정해진 수입으로 생활해야 하는 평범한 서민에게는 다소 현실성이 부족한 수치들로 인식되었을 것이고, 결국 누군가로부터 큰 자금을 지원받지 않는 이상 서울에 있는 아파트를 목적에 상관없이 자력으로 1채 이상 소유한다는 것은 참으로 어려운 일이라는 것을 느꼈을 것이다.

그렇다면 평범한 서민은 현금 부자들이 아파트 투자로 부를 축적할 때 그저 옆에서 보고만 있어야 할까? 결코 그렇지 않다.

비록 서울 아파트에 필적할 정도의 수익을 기대하기는 힘들지만, 서울에서 경기도로 파생되는 신설 철도망과 수도권 광역급행철도(GTX)에 구체적인 해답이 있다.

다시 한번 강조하지만, 투자 수익성만 본다면 지방이나 경기도보다 서울에 있는 아파트를 공략하는 것이 맞다. 다만 내가 주장하는 것은 현실성을 감안할 때 서울 아파트에 비해 수익성은 다소 낮더라도, 광역철도 및 도시철도에서 경기도로 파생되는 신설 노선과 수도권 광역급행철도(GTX) 노선을 중심으로 서민도 큰 부담 없이 투자할 수 있는 곳을 찾자는 것이다.

지금부터 신설 철도망을 중심으로 수익을 기대해 볼 수 있는 지역은 어디인지, 반대로 신설 철도노선이 들어와도 여전히 별로 달라지지 않는 곳은 어디인지, 투자자금은 얼마나 필요하며, 대략 어느 정도의 기간을 두고 투자해야 하는지 그 가이드를 제시한다. 집중해서 여러 번 반복해서 읽어두면 상당한 도움이 될 것이다.

역세권도
역세권 나름이다

역세권이면 무조건 만세?

아파트 시세를 끌어올리는 핵심 요소는 단연 교통이다. 그중에서도 철도의 효과가 가장 큰데, 언제 어떤 형태의 역세권이 되느냐가 매우 중요하다.

　면밀히는 모르더라도 사람들은 대부분 역세권이 부동산 시세에 미치는 영향이 매우 크다는 것쯤은 알고 있다. 내 집 앞에 전철역이 신설된다고 하면 그 동네는 축제 분위기로 들썩인다. 그럴 때면 다음과 같은 현수막이 붙곤 한다.

한마디로 투자 목적이든 실거주 목적이든 역세권은 부동산을 사고파
는 데 매우 중요한 요소임을 알 수 있다. 그러나 과연 역세권이라고 해서
다 좋기만 할까? 물론 없던 전철역이 생긴다는 것은 여러모로 좋은 일이
지만, 그 역 하나만 보고 긍정적인 판단을 내리기에는 다소 무리가 있다.

기존에 교통이 매우 불편하던 동네에 신설 전철역이 생긴다고 가정해
보자. 그런데 열차운행 간격을 살펴보니 출근 시간임에도 5분 이상 기다
려야 한 대씩 온다. 거기다 강남, 잠실, 서초, 명동 같은 서울 시내 중심지
로 이동하는 시간이 여전히 1시간을 훌쩍 넘는다면, 그 신설 전철역 주변
아파트의 미래가치는 그다지 크지 않을 것이다.

반면에 서울의 중심지와 직선거리는 그다지 멀지 않은데 기존에 교통
이 불편해 많은 시간이 소요되던 지역이라면 이야기가 다르다. 신설 전철
역 덕분에 서울 중심지로 이동하는 시간이 30~40분 이내로 획기적으로 줄
어들고, 열차운행 간격도 수분 이내로 출근 시간대에는 거의 끊이지 않고
연속으로 들어온다면 그 신설 전철역 주변 아파트의 미래가치는 아주 크

다고 볼 수 있다.

　아래 그래프는 경의중앙선 역세권 범위 내에 있는 A아파트의 시세상승 추이이다. 경의중앙선의 평일 배차간격은 7~10분이며, 최근 7년간 시세 변동률은 약 17%였다.

■ 경의중앙선 역세권 A아파트 시세상승추이

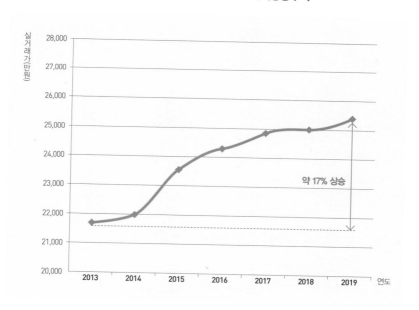

　다음 장의 그래프는 5호선 역세권 범위 내에 있는 B아파트의 시세상승 추이이다. 5호선은 평일 기준으로 배차간격을 따로 안내하지 않을 정도로 촘촘하게 운행된다. 경의중앙선에 비해 동일한 기간 대비 시세변동률이 약 61%로 훨씬 큰 것을 알 수 있다.

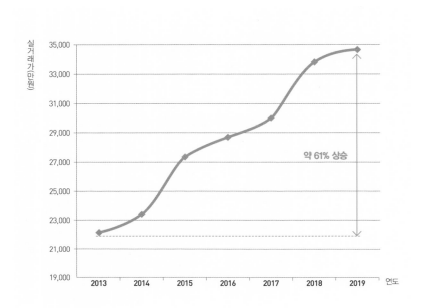

■ 5호선 역세권 B아파트 시세상승추이

서울 중심지까지 40분 내로 이동할 수 있는가?

■ 직장인 출퇴근 평균 시간

출근	퇴근
48.1분	53분

*직장인 820명 설문조사 결과, 출처: 잡코리아

직업포털사이트 잡코리아의 설문조사에 따르면 직장인 출근 시간에는 평
균 48.1분이 소요된다고 한다. 그렇다면 많은 직장인들이 이상적으로 생

각하는 출근 시간은 평균치보다 조금 낮은 40분 정도일 확률이 높다. 출근 시간 40분을 한계범위로 두고, 그 안에 서울 중심지까지 이동할 수 있는 곳을 찾아본다면 좋은 투자처 찾기의 첫걸음을 잘 떼었다고 볼 수 있다.

그렇다면 신설 전철역에서 서울 중심지까지 이동시간은 어떻게 예측할까? 해당 노선 및 공구의 공사를 주관하는 공공기관의 공식적인 발표 자료를 참고해도 좋지만, 스스로 다음과 같이 짐작해 볼 수 있다.

한 전철역에서 다음 전철역까지 도착하는 데 2분 남짓 소요되고 서울 중심지와 가까워질수록 그 시간이 단축되는 것을 감안하면, 업무시설이 집중되어 있는 서울 중심지로 출근할 때 걸리는 시간이 최대 40분 이내에 접근하기 위해서는 약 20 정거장, 거기에 출근시간임을 감안하면 18정거장 이내에 들어와야 한다고 볼 수 있다. 이 범위 내에서 가까우면 가까울수록 그 주변 아파트의 미래가치는 점점 좋아진다고 보면 된다.

이렇듯 역세권이라고 해서 다 같은 역세권이 아니다. 그리고 물리적으로 거리와 정거장 개수가 많다고 무조건 먼 것도 아니다. 역세권 중에서도 열차운행 간격이 짧고, 기다리는 시간이 길지 않으며, 물리적 거리와 상관없이 서울 중심지까지 출근시간이 40분 내외인 곳에 신설되는 역세권 아파트라면 충분히 미래가치를 기대해도 좋다.

많은 교통수단 중에서
왜 꼭 지하철일까?

직장인 중 50%가 출퇴근 시 지하철을 이용한다

먼저 독자 여러분에게 출퇴근 할 때 가장 많이 이용하는 교통수단이 무엇
인지 질문하고자 한다. 잡코리아에서 조사한 직장인 출퇴근 이동수단 설문
에 따르면 이들이 가장 선호하는 교통수단 부동의 1위는 바로 지하철이다.

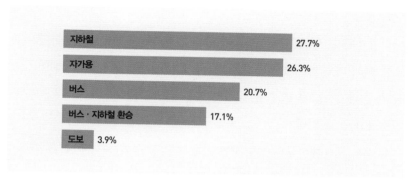

■ 직장인 출퇴근 이동수단

지하철	27.7%
자가용	26.3%
버스	20.7%
버스·지하철 환승	17.1%
도보	3.9%

출처: 잡코리아

　버스나 자가용을 이용한다는 대답도 만만치 않지만, 실제로 가장 많은 인구가 매일 지하철을 이용해 보금자리와 일터를 오가며 열심히 일한다. 그렇다면 우리나라 인구의 절반 가까운 인구가 서울과 경기도를 오갈 때 지하철을 가장 많이 이용하는 이유는 무엇일까? 바로 효율성 때문이다.

　사람들은 일터와 가까운 곳에 집을 마련해서 교통비를 절감하고, 평일에 지인을 만나거나 개인적인 여가시간을 보내는 등 여유로운 저녁시간을 누리기를 원한다. 더욱이 역세권 주변에는 백화점, 고급식당, 문화시설 같은 상업시설이 많아 생활의 편의 또한 기대할 수 있다.

　이런 문화가 정착되면서 사람들은 서울 중심지역과 가까운 역세권 아파트를 더욱 선호하게 되었다. 수요의 집중은 단순히 생활편의 목적뿐만 아니라 경제적 가치까지 상승시켜, 투자자들이 서울 중심지역의 접근성 좋은 역세권 아파트를 재테크 수단으로 인식하는 계기를 제공했다.

역세권, 서울 중심부의 접근성 높은 아파트를 노려라

이러한 이유로 역세권 반경 500m 이내 아파트는 그렇지 못한 주변 아파트에 비해 더욱 가치가 높으며, 서울 중에서도 업무시설이 집중되어 있는 강남, 송파, 서초, 종로로 환승 없이 연결되는 노선이라면 그야말로 숨은 진주라고 할 수 있다.

따라서 서울에서부터 이어지는 기존 광역철도 및 도시철도 중 경기도로 파생되는 신설 노선을 기준으로 삼되, 공사 진행 상황과 언론 및 기타 보도 자료, 각 노선의 사업을 주관하는 지자체 및 공공기관의 홈페이지 등을 통해 수시로 투자 관련 정보를 습득해 둘 필요가 있다. 이 과정은 내가 투자하고자 하는 아파트를 고르는 눈을 길러주며, 적절한 투자 타이밍을 잡는 데 중요한 역할을 한다.

철도계획을 알면
최적의 투자 시점이 보인다

'국가철도망 구축계획'이란 무엇인가?

1970~80년대에는 도로가 신설되거나 확장되면 인근 부동산에 미치는 영향이 상당했지만, 경제성장이 고도화된 지금은 다른 교통망보다 신설 철도계획이 인근 부동산 시세변동에 가장 큰 영향을 미친다. 한마디로 도로가 먹고사는 걱정을 해소하는 교통호재라면, 철도는 단순하게 먹고사는 1차원적인 의미를 넘어 경제수준에 맞춰 편리한 삶을 살 수 있도록 도와주는 교통호재이다. 따라서 경제성장이 고도화된 우리나라에서 투자자가 성공적인 투자의 길로 들어서기 위해서는 '국가철도망 구축계획'에 대한 이해가 반드시 선행되어야 한다.

국가철도망 구축계획은 우리나라 미래 철도망의 발전 방향을 알 수 있는 척도라고 할 수 있다. 각 차수별로 당시 경제성장 속도를 반영한 개발계획 내용이 주를 이루며, 10년 단위로 계획하되 5년마다 타당성을 재검토하여 계획을 변경할 수 있다. 2016년에 제3차 국가철도망 구축계획까지 발표되었고 2025년까지 개발계획이 잡혀 있다. 단순히 철도 건설계획만 있는 것이 아니라 철도를 건설하는 데 필요한 재정의 조달방안, 환경까지 고려한 철도 건설방안 등을 종합적으로 다룬 계획안이라고 볼 수 있다.

각 차수별 국가철도망 구축계획에서 어떤 내용을 중점적으로 다루었는지 간략하게 정리해 보자.

제1차, 제2차: 철도 고속화와 복선화

제1차와 제2차 국가철도망 구축계획의 핵심은 전국 철도의 고속화와 복선화였다. 제1차 계획에서는 기존 39.8%에 머무르던 전철화를 73%로, 기존 단선 노선의 복선화 비율을 64%로 상향하는 것이 목표였다면, 제2차 계획에서는 전철화를 85% 수준으로 그리고 복선화 비율을 79.1% 수준으로 더욱 올리는 동시에 전국적으로 총 철도 길이를 대폭 연장하는 것에 중점을 두었다. 제1차 계획이 전국 철도의 단순 고속화에 중점을 두었다면, 제2차 계획의 목적은 고속화를 더욱 심화하여 철도망을 통한 전 국토의 통합 및 유기적인 상생을 이루는 것이라고 볼 수 있다.

제3차: 안전과 편리성

제3차 국가철도망 구축계획에서는 전국 주요거점 도시를 연결해서 기존에 1~2시간 소요되던 수도권 출퇴근 시간을 30분 이내로 단축함과 동시에, 단순히 빠르게 이동이 가능한 것을 넘어 안전하고 이용하기에 편리한 시설을 조성하는 데 중점을 두었다. 출퇴근 시간 단축과 안전 및 편리성을 강조한 계획이 주를 이룬다는 것은 결국 경제성장에 걸맞은 높은 삶의 질을 구현하기 위해 철도망을 구축한다는 뜻이다. 따라서 제3차 국가철도망 구축계획에 포함된 여러 사업 중에서도 이동거리의 단축과 복합환승센터 도입으로 높은 삶의 질까지 동시에 충족할 수 있는 GTX 노선 개발계획이 중심에 설 수밖에 없고, 사업 진행속도도 빠를 것으로 예측된다.

하지만 국가철도망 구축계획은 여러 계획들이 중장기적으로 어떻게 구성되어 있는지 확인하는 용도로만 활용하는 것이 좋으며, 명시된 공사기간을 맹신하는 것은 금물이다. 기존 사례들을 보면 매번 여러 가지 요인들에 의해 공사기간이 몇 년씩 연장돼 왔기 때문이다. 세부적으로 사업구간, 단선/복선 여부, 사업비 규모 등을 체크하는 수준이면 일반 투자자로서는 훌륭히 준비를 마친 상태라고 볼 수 있다.

국가철도망 구축계획은 어디서 볼 수 있나?

구체적인 국가철도망 구축계획은 한국철도시설공단 홈페이지(www.kr.or.kr)에서 확인할 수 있다.

'한국철도시설공단 홈페이지 → 사업소개 → 철도건설'에서 가공되지 않은 개발계획을 볼 수 있는데, 전반적인 사업개요가 쭉 나열되어 있고 맨 아래나 위에 본 사업개요에 참고가 되는 서류가 첨부되어 있다. 첨부서류에서는 노선이름, 사업구간, 단선/복선여부, 사업비 등 전반적인 사업내용을 알 수 있다.

한국철도시설공단 홈페이지에서 알 수 있는 제3차 국가철도망 구축계획 사업개요

철도사업 진행과정 간략하게 살펴보기

국가철도망 구축계획에 따른 철도사업은 크게 4단계로 이루어진다. 1단계는 예비타당성 조사, 2~3단계는 기본계획 수립 및 설계, 4단계는 사업자 발주 및 사업자 선정을 하는 본 공사의 순서로 추진된다.

■ 철도사업 진행 단계 및 순서

	1단계	2단계	3단계	4단계
진행단계	예비타당성 조사(∞)	기본계획 수립(1년)	설계(2~3년)	본 공사(4~8년)
주관기관	한국개발연구원	국토교통부	한국철도시설공단	민간사업자

예비타당성 조사는 경제성이 보장되지 않은 사업의 무리한 추진을 막고, 잦은 계획변경으로 인한 사업의 재정악화를 방지하며, 최악의 경우 중

도에 사업 자체가 취소되는 등 각종 위험을 최소화하기 위해 면밀히 사전 검토를 실시하는 과정을 말한다.

사업내용, 사업구역, 당시 사회적 분위기 등에 따라 여러 이해관계가 얽혀 짧으면 수년에서 길게는 10년을 훌쩍 넘기는 경우도 빈번하므로 미리 짐작하기는 쉽지 않다. 예비타당성 조사를 통과하면 사업성을 바탕으로 본격적인 기본계획을 수립하게 되는데, 통상 기본계획 수립 1년, 수립된 계획에 맞는 설계기간 2년, 본 공사기간 5년까지 최소 8년 정도가 소요된다.

본 공사기간 5년은 우리가 출퇴근할 때 자주 이용하는 일반 도시철도의 평균 공사기간이다. 경전철은 공사기간이 그보다 조금 더 짧고 GTX처럼 좀 더 세밀한 공법이 필요한 노선은 그보다 조금 더 길다고 보면, 철도사업의 전체 진행 단계와 기간을 어느 정도 예상할 수 있을 것이다.

그러나 전체 철도사업 과정에서 사업주체들 간의 마찰이나 민간사업자의 부도 등으로 본 공사기간이 길어지거나 아예 장기간 중단되는 경우도 있으므로, 착공시기와 준공시기를 정확하게 예측한다는 것은 불가능하다고 볼 수 있다.

신설 역세권 주변 아파트 시세는 3번 요동친다

내가 수년간 아파트 투자를 통해 경험한 바로는 미래가치가 큰 신설 전철역 주변 아파트의 시세는 개발계획이 확정될 때, 공사를 시작할 때, 마지막으로 준공을 앞두고 요동친다.

철도계획 확정 발표부터 준공까지 대략 10년 걸린다고 보면, 단계마다 상당한 기간이 필요하고 부동산 경기에 따라 등락을 거듭한다. 하지만 시세변동을 나타낸 그래프를 확대해 보면 결국 그 기간에 아파트 시세는 우상향한다는 것을 알 수 있다.

5호선 연장 하남선 인근 A아파트의 10년간 시세변동추이를 살펴보자. 예비타당성 조사를 통과한 2011년, 공사를 시작한 2015년 직전에 실거래가가 급상승했으며, 준공을 앞둔 2018년 다시 실거래가 상승한 것을 알 수 있다.

■ 5호선 연장 하남선 인근 A 아파트 시세변동추이

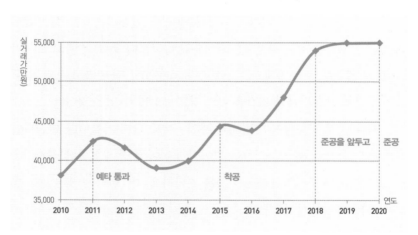

출처: 네이버 부동산

가공되지 않은 자료부터 참고하자

팁을 하나 소개하자면, 포털사이트 뉴스나 개인 블로그보다는 가급적 지자체 및 공공기관의 홈페이지나 공보에서 가공되지 않은 자료를 참고하는 것이 좋다. 뉴스나 개인 블로그는 작성자의 주관이 개입되어 투자 판단이 흐려질 여지가 있기 때문이다.

예를 들어 제3차 국가철도망 구축계획이 발표되었다고 가정해 보자. 이처럼 큰 개발계획이 발표되면, 부동산 전문가들이나 각 언론 그리고 평소에 부동산 좀 안다는 사람들은 발표된 내용을 토대로 자신들의 주관을 섞어 인터넷상에 동시다발적으로 글을 쏟아낸다.

일반인들은 국가철도망 구축계획의 본 내용보다는 이들이 가공한 글을 먼저 접하게 되는데, 내용을 자세히 살펴보면 큰 틀에서는 같은 이야기를 하지만 세부내용에는 조금씩 차이가 있다. 그중에서 어떤 것을 신뢰할지 판단력을 기르려면 앞서 말했듯 '한국철도시설공단 홈페이지 → 사업소개 → 철도건설'에서 가공되지 않은 개발계획을 먼저 살펴봐야 한다.

이를 통해 전반적인 사업개요와 함께 노선이름, 사업구간, 단선/복선여부, 사업비 등 전반적인 사업내용을 알 수 있다.

참고1 **제3차 국가철도망 신규사업 반영현황**

* 별표 13개 사업은 2차 계획에 반영되었으나 추진되지 않은 사업

노 선 명		사업구간	사업내용	연장(km)	총 사업비(억원)
① 철도운영 효율성 제고사업					
고속	경부고속선	수색~서울~금천구청(민자)	복선전철	30.0	19,170
		평택~오송(민자)	2복선전철화	47.5	29,419
일반	중앙선	용산~청량리~망우(민자)	2복선전철	17.3	13,280
	수서광주선	수서~광주(민자)	복선전철	19.2	8,935
	경전선	진주~광양	전철화	57.0	1,524
		광주송정~순천	단선전철화	116.5	20,304
	장항선	신창~대야*	복선전철화	121.6	7,927
	동해선	포항~동해	전철화	178.7	2,410
	문경·경북선	문경~김천(민자)	단선전철	73.0	13,714
	경전선	보성~임성리	단선전철화	82.5	1,702
	경북선	점촌~영주	단선전철화	56.0	980
소계(11개 사업)				799.3	119,365
② 주요거점 간 고속연결 사업					
일반	어천 연결선	어천역~경부고속선	복선전철(직결선)	2.4	1,540
	지제 연결선	서정리역~수도권고속선	복선전철(직결선)	4.7	2,800
	남부내륙선	김천~거제*(민자)	단선전철	181.6	47,440
	춘천속초선	춘천~속초(민자)	단선전철	94.0	19,632
	평택부발선	평택~부발(민자)	단선전철	53.8	16,266
	충북선	조치원~봉양*	복선전철(고속화)	82.8	4,606
	호남선	가수원~논산	복선전철(고속화)	29.3	4,596
③ 대도시권 교통난 해소사업	소계(7개 사업)			448.6	96,880
	수도권광역급행철도	송도~청량리(민자)	복선전철	48.7	58,319
	수도권광역급행철도	의정부~금정(민자)	복선전철	45.8	30,736
	신분당선	호매실~봉담(민자)	복선전철	7.1	6,728
	신분당선서북부 연장	동빙고~삼송(민자)	복선전철	21.7	12,119

출처: 한국철도시설공단

사업구간이 길면 전체 공사기간이 길어질 것을 예상할 수 있고, 단선이냐 복선이냐에 따라 개통 후 가치를 예측할 수 있으며, 사업비 규모를 보고 많은 개발사업 중 해당 사업의 중요도를 파악할 수 있다. 남이 가공한 글을 읽기 전에 투자자로서 먼저 객관적인 자료를 살펴보고 대략적인 내용을 예측하는 습관을 기르는 것이 좋다.

결국 투자 결과의 책임은 투자자 본인이 감수하는 것이므로, 객관적인 데이터를 투자자의 주관으로 해석하는 습관을 길러 두기를 적극 권장한다.

지금까지 왜 신설 역세권을 중심으로 투자 대상 아파트를 선정해야 하는지 그 당위성을 확인해 보았다. 이를 바탕으로 서울에서부터 이어지는 광역급행철도와 도시철도 중 경기도로 파생되는 신설 노선의 특징 및 주변 상황을 세부적으로 파헤쳐 보자.

적은 투자금으로 수익 내는
알짜 투자처 찾는 법

─────

수도권으로 파생되는 도시철도와 광역급행철도(GTX)

서울 외에 수익이 기대되는 곳의 해답은 신설 철도망에서 찾을 수 있다. 그중에서 제3차 국가철도망 구축계획을 중심으로 서울도시철도에서 파생되는 신설 노선과 뉴스에서 떠들썩한 광역급행철도(GTX) 노선 중 투자할 만한 곳을 소개하고자 한다. 단, 이 책에서 소개한다고 해서 무조건 투자가치가 있는 지역이라는 뜻은 아니다. 현재 발표된 도시철도 및 광역급행철도 계획을 바탕으로 진짜 투자가치가 있는지 없는지 살펴볼 예정이니 집중하기 바란다.

도시철도와 GTX는 이 점이 다르다

신설 노선들을 개별적으로 들여다보기 이전에, 투자자의 관점에서 일반 도시철도에서 파생된 신설 노선과 GTX 노선의 가장 큰 차이점을 알아두면 좋을 것이라 생각된다.

일반 도시철도에서 파생된 연장 신설 노선은 서울에서 가까울수록, GTX 노선은 서울에서 멀수록 투자가치가 크다. 도시철도 연장 신설 노선이 연결되는 곳들은 모두 서울과 바로 인접해 있지만, 그동안 교통수단이 마땅치 않아 서울 중심지로 이동시간이 오래 걸리는 것이 문제였다. 그러므로 신설 노선이 생기면 당연히 서울과 가장 가까운 역이 가장 투자가치가 높고, 멀어질수록 투자가치가 점점 낮아진다고 볼 수 있다.

하지만 GTX는 이와 반대다. 표정속도(정차시간을 포함해 출발한 역으로부터 도착한 역까지 걸린 시간으로 주행거리를 나눈 것, 정차시간을 포함하지 않는 평균속도와 구별됨)를 고려한 최고속도 때문에 서울 도심지와 가까운 지역보다 최고속도를 오래 유지할 수 있는 원거리 지역에서 효율이 훨씬 큰 것이 당연하고, 상대적으로 투자가치도 높다고 볼 수 있다. 이 점을 간단하게 먼저 인지하고 본론으로 들어가면 이해가 빠를 것이다.

초보 부동산 투자자를 위한 가치 평가요소 소개

이 외에 보유 주택수별 그리고 지역별로 규제를 뚫는 효과적인 매도전략과 결국 오르는 아파트의 5가지 필수요소도 소개한다. 매달 넉넉하지 않은 월급으로 살아가는 직장인을 비롯해서, 적은 금액으로 첫 부동산 투자를 꿈꾸는 모든 분들에게 유용한 잣대가 되리라 생각한다.

2부

도시철도
파헤치기

1부에서 왜 서울이 아니라 광역급행철도 및 도시철도가 파생되어 신설되는 곳이 투자대상으로 적합한지, 신설 철도계획이 왜 중요한지 충분히 이해했을 것이다. 2부에서는 기존 도시철도에서 경기도로 파생되는 신설 노선과 광역급행철도(GTX) 중심으로 내가 투자할 지역 및 아파트를 스스로 찾아보자. 참고로 광역급행철도 및 도시철도 순서는 현재 사업의 진행속도와 투자가치를 고려하여 배치하였으며, 연장 구간이 서울 내에만 국한된 노선이나 서울에서 파생되지 않는 노선, 아직 예비타당성 조사 이전이어서 사업 자체가 불투명한 노선은 배제했다.

07

경기 동남부권 중심 도시를 형성하는
5호선 연장 하남선

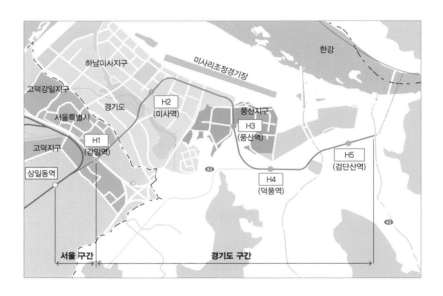

어디까지 왔고, 언제쯤 마무리될까?

당초 계획상 하남선은 총사업비를 1조 원 가까이 들여 2011년부터 2020년까지 1공구는 서울에서, 2~5공구는 경기도에서 맡아 시행하는 사업이다. 2011년 4월 예비타당성 조사를 통과하였고, 2013년 11월 국토교통부에서 기본계획을 고시하였다.

현재는 공사 막바지 단계이며 2020년까지 순차적으로 준공할 예정이다. 하남선은 서울지하철 5호선 종점인 상일동역에서부터 강일역, 하남미사, 풍산, 덕풍, 검단산을 지나가는 총 5개 역을 건설하는 사업이다.

⌂ **알아두면 유용한 부동산 꿀팁**

공구란?

공구는 공사구역을 뜻하는 용어이다. 철도공사뿐만 아니라, 토목공사가 필요한 분야 전반에 사용된다. 예를 들어 5호선 연장 하남선처럼 1공구는 서울, 2공구부터는 경기도라면, 1공구로 구분된 공사구역은 서울에서, 그 외 공사구역은 경기도에서 공사를 진행한다고 이해하면 된다.

종로, 강남, 잠실까지 접근성 확대

하남선이 준공되어 신설 역을 이용하면 업무시설 밀집 지역인 종로까지 5호선으로 35~45분 정도면 도착할 수 있다. 환승을 통해 잠실이나 강남 접근성도 좋아지며, 기존 교통망을 이용할 때보다 출근시간이 30분 이상 획기적으로 단축된다.

5호선 연장선 개통과 함께 하남 지역의 유일한 단점이었던 강남 접근성이 좋아지면서, 하남 미사를 비롯한 덕풍동 일대는 사통팔달의 교통과 풍부한 생활 인프라를 겸비한 경기도 동부권 중심도시로 도약할 것이다.

이미 5호선 개발 호재가 충분히 반영된 상태, 투자는 글쎄

그렇다면 이런 분위기 속에서 투자 목적으로 아파트를 매입하려 한다면 어디를 중점적으로 봐야 할까? 아쉽게도 내 관점에서는 마땅한 아파트가 보이지 않는다. 2020년 하남선 개통을 눈앞에 둔 상황이라 개발호재가 이미 충분히 반영된 상태이고, 평균 전세가율도 50% 수준에 머물러서 역세권 아파트를 매입하려면 최소한 3억~4억 원의 순수 현금이 필요하다는 계산이 나온다.

■ 5호선 연장 하남선 역세권 A아파트 시세변동추이

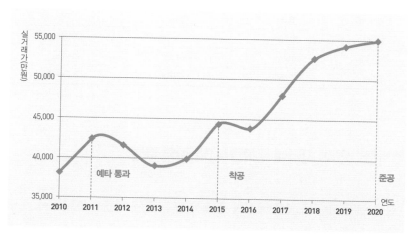

출처: 네이버 부동산

앞의 그래프를 보면 5호선 연장 하남선이 예비타당성 조사를 통과한 2011년과 공사를 시작한 2015년에 실거래가가 급상승한 것을 알 수 있다. 그리고 2020년 준공을 앞두고 실거래가 상승이 둔화된 것을 통해, 5호선 개발호재가 충분히 반영되었음을 간접적으로 알 수 있다.

이미 개발호재가 충분히 반영되어 추가 상승여력이 크지 않은 상태에서 투자할 때도 임차인의 보증금을 지렛대로 활용해야 하므로, 대출 없이 순수 현금으로 3억원대 이상이 필요한 상황이다. 따라서 목돈을 장기적으로 묶어 두고도 생활에 전혀 지장이 없을 만큼 여력이 되지 않는 이상 현실성이 부족하다. 아래 H3(풍산)~H5(검단산)역 인근 아파트 시세를 참고하기 바란다.

■ H3(풍산)역, H4(덕풍)역, H5(검단산)역 인근 아파트 평균 매매시세와 전세시세

단위: 만원

	H3(풍산)역 삼부르네상스	H4(덕풍)역 하남더샵센트럴뷰	H5(검단산)역 대명강변타운
매매가/m²	634	691	575
전세가/m²	335	354	311
갭차이	38,500	36,000 ~ 38,500	29,500
준공년도	2008년	2016년	2007년
세대수	471세대	672세대	1,369세대

출처: 다음부동산(2020년 초 기준)

투자한다면 이 지역에 주목! H4(덕풍)역 주변

5호선 연장 하남선 신설 예정역 중에서 향후 추가 시세상승 여력이 가장 높은 곳을 꼽는다면 H4(덕풍)역 주변이다.

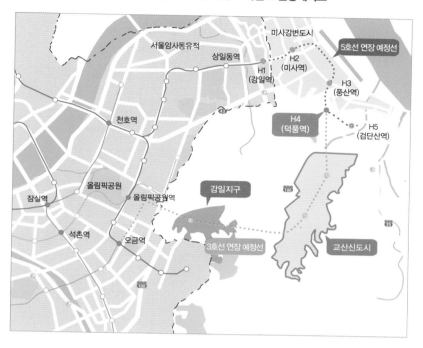

■ 하남 교산신도시 예정지와 도시철도 연장계획도

3기 신도시 교산지구 개발이 확정되면서 3호선이 기존 종점인 오금역에서 연장되어 감일지구, 교산지구를 돌아 H4(덕풍)역으로 연결될 예정이다. 두 노선이 연결되면 인근 아파트는 강남으로 30~40분대에 접근 가능한 두 개의 황금노선을 가진 더블역세권이 되어, 유례를 찾아보기 힘들 정도로 최고의 교통여건을 갖추게 된다.

물론 3호선이 H4(덕풍)역과 연결되면 하남선 전체가 긍정적인 영향을 받겠지만, 직접 환승이 가능한 H4(덕풍)역의 파급효과가 가장 크다. 따라서 자금에 여유가 있다는 전제하에 5호선 연장 하남선을 중심으로 투자할 아파트를 찾는다면, H4(덕풍)역 인근 아파트를 주 대상으로 삼자.

H4(덕풍)역 인근 아파트 시세는 다음과 같다. 비록 필요한 투자자금이 부담스럽지만, 미래가치를 보고 투자를 고려한다면 참고하기 바란다.

■ H4(덕풍)역 인근 아파트 평균 매매시세와 전세시세

단위: 만원

	하남풍산아이파크1단지	하남더샵센트럴뷰
매매가/m²	585	691
전세가/m²	324	354
갭차이	38,500	36,000 ~ 38,500
준공년도	2008년	2016년
세대수	686세대	672세대

출처: 다음부동산(2020년 초 기준)

덕풍C 재개발구역에 주목하자!

만약 실거주자라면 덕풍C 재개발구역에 청약을 넣어 보는 것도 좋은 방법이다. 덕풍C 재개발구역은 이 일대에 지정됐던 기존 재개발구역이 모두 해제된 뒤에도 유일하게 남은 사업구역이다. 포스코건설에서 총 970세대를 공급하며 그중 568세대를 일반분양한다.

전체 세대수가 많지 않고 H4(덕풍)역 주변에 신규 아파트 공급계획이 당분간 없는 것을 감안하면, 청약경쟁이 매우 뜨거울 것으로 예상된다.

전용면적 85m² 이하는 100% 가점제로, 85m² 초과는 50%만 가점제로 진행되고 나머지는 추첨제로 진행된다. 하남시 거주기간이 1년 미만이거나 무주택기간이 짧아서 청약가점이 높지 않다면, 추첨제로 청약하는 것이 당첨확률을 높이는 방법이라고 볼 수 있다.

덕풍C 재개발구역은 아직 분양계획이 잡혀있지 않은 상태이므로, 이곳에 청약하려고 한다면 수시로 포스코더샵 홈페이지에 들어가 분양캘린더를 참고하자.

투기과열지구인 하남은 분양가상한제 적용 대상 지역이어서 어차피 최장 10년간 분양권 전매가 제한되므로, 실거주 목적이라면 여러 가지 이점이 있을 것으로 보인다.

■ 덕풍C 재개발구역 위치

다음 장에 하남선 신설 예정역 5곳과 그 반경 500m를 지도로 표시했다. 각각 역 주변 상황에 대해서도 짧게 언급해 두었으니 투자 시 참고하기 바란다.

■ H1(강일)역 인근

서울 밖 투자 유망 지역을 소개한다는 책의 취지에 따라 H1(강일)역은 따로 설명하지 않겠다.

■ H2(미사)역 인근

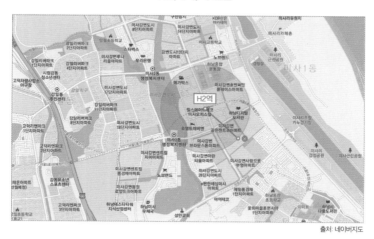

2019년 이후에 지은 신축 아파트와 오피스텔, 중심 상권이 혼재되어 있다. 많은 거리를 이동하지 않아도 대부분의 생활편의시설이 집 앞에 있으므로, 5호선 연장 하남선 신설역세권 중에서는 가장 입지가 좋다고 볼 수 있다.

■ H3(풍산)역 인근

출처: 네이버지도

준공 10년 정도 된 아파트 단지와 근린공원, 대형마트가 인접해 있다. 전형적인 주거지역으로, 조용한 생활환경이 조성되어 있다.

■ H4(덕풍)역 인근

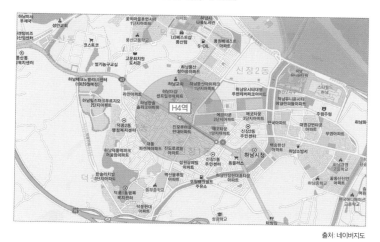

출처: 네이버지도

신설 예정역 바로 앞에 덕풍C 재개발 구역 사업이 한창이다. 기존 사업구역은 모두 해제되고 유일하게 남은 곳이므로 투자가치가 높을 것으로 본다.

■ H5(검단산)역 인근

출처: 네이버지도

준공 10~25년 사이의 세대수 많은 아파트 단지가 분포하고 있고, 5호선 연장 하남
선 신설 역세권 중에서는 시세가 가장 저렴한 편이다.

잠실까지 20분,
8호선 연장 별내선

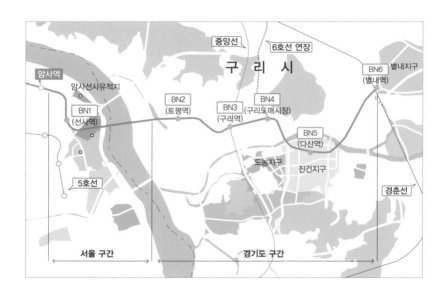

어디까지 왔고, 언제쯤 마무리될까?

별내선은 2010년부터 2022년까지 총사업비 1조 3,000억 원을 들여 1~2공구는 서울에서, 3~6공구는 경기도에서 맡아 시행하는 대규모 사업이다. 2006년 11월 예비타당성 조사를 마쳤고 2014년 12월 기본계획을 고시하였다. 현재 한창 공사 중이며, 2022년 준공을 목표로 하고 있다.

잠실까지 20분 도착! 대중교통 혁신

별내선은 서울지하철 8호선 종점인 암사역에서 선사유적지, 구리 수택동, 구리역, 구리 농수산물시장사거리, 다산신도시, 기존 별내역까지 총 6개 역을 건설하는 사업이다. 별내선이 준공되면 별내역에서 8호선의 중심이라고 할 수 있는 잠실까지 20여분 만에 도달하는 획기적인 변화가 일어난다.

더욱이 구리, 별내 쪽에서 강동까지 표면적 거리는 가깝지만, 그간 한번에 갈 수 있는 교통편이 없어서 대중교통을 이용할 경우 기존에 1시간 가까이 걸렸다. 이제 별내선이 개통되면 시간이 대폭 단축되면서 접근성이 매우 좋아질 것으로 예상된다. 그리고 그동안 다산신도시에서 서울 중심지로 출근하려면 주로 강변북로를 이용해야 해서 늘 심각한 정체가 이어졌지만, 별내선이 개통되면 교통난도 다소 해소될 것으로 기대된다.

참고로 BN1(선사)역은 8호선 연장 별내선의 한 부분이나 행정구역상 서울에 속하므로 이 책의 집필의도와는 맞지 않아 다루지 않았다.

호재가 예상되는 지역

별내선은 개통까지 아직 시간이 남아있어 시세상승 여력이 충분하며, 8호선 연장 별내선 중에서는 특히 BN2(토평)역, BN3(구리)역, BN4(구리도매시장)역 인근 아파트를 눈여겨볼 필요가 있다.

휴식과 문화를 즐길 수 있는 BN2(토평)역 인근

출처: 네이버지도

BN2(토평)역 인근에는 이미 풍부한 세대수를 갖춘 아파트 단지가 다수 들어서 있고, 기존 상권과 장자호수공원이 인접해 있어서 휴식과 문화생활을 함께 즐길 수 있다.

특히 장자호수공원은 면적 10만 m² 이상의 대규모 호수공원으로 구리시가 토평지구 장자못의 수질을 개선하여 조성한 근린공원이다. 한때 오폐수로 인해 악취가 났으나 새롭게 정리했고, 생태공원 조성사업 추진으로 일부 공원을 확장하면서 산책로와 자전거도로를 개선하여 BN2(토평)역 주변 아파트 주민뿐만 아니라 구리시민 모두가 찾는 명소가 되었다. 이밖에 생태체험관, 장미원, 잔디밭 등도 조성되어 있다. 거의 매주 주말 야외무대에서 각종 음악회, 전시회 등이 열리는 구리시의 대표적인 시민휴식공간이다.

인근 아파트 전세가율이 60% 이하 수준으로 낮게 형성되어 있다는 점이 다소 아쉽다. 그러나 BN2(토평)역 반경 100m의 초역세권 범위 내에 소형부터 중대형까지 다양하게 배치되어 있고, 그중에서도 전용면적 59m² 이하의 소형 아파트 2,000여 세대가 여러 아파트에 고르게 분포하여 큰 투자자금이 필요하지 않다는 점이 매력적이다.

■ **BN2(토평)역 인근 전용면적 59m² 이하 아파트 평균 매매시세와 전세시세**

단위: 만원

	LG원앙, 구리우성, 교문대우동양
매매가/m²	533 ~ 577
전세가/m²	268 ~ 280
갭차이	15,000 ~ 16,000
준공년도	1994년 ~ 1995년

출처: 다음부동산(2020년 초 기준)

환금성 좋은 소형 아파트가 많다는 점은 투자수요를 이끌어 거래량이 꾸준히 유지되는 원동력이 되므로 괜찮은 조건이라고 본다. BN2(토평)역 주변 소형 아파트는 2020년 초 기준으로 실투자금액 1억 5,000만원~1억 6,000만원 선이면 매입이 가능하다.

특히 별내선 착공과 함께 매년 꾸준히 시세가 상승하고 있고, 별내선이 개통되면 10분여 만에 잠실에 도달할 수 있다는 점에서 투자 목적으로 아파트를 매입하기에는 아직도 조건이 좋다고 본다.

실제 BN2(토평)역 인근은 현재 강변역, 광나루역으로 한 번에 가는 버스의 배차간격이 길고 노선도 많지 않다. 심지어 출근시간에는 20분 이상 기다려야 할 때도 있다. 원활한 출근을 위해서는 마을버스로 구리경찰서까지 가서 다른 버스로 환승하여 강변역까지 가야 한다. 이런 사정을 감안하면 BN2(토평)역 인근 아파트는 다른 8호선 연장 별내선 역세권 아파트들보다 교통 사정이 더 좋지 않다고 볼 수 있다.

내가 이 책에서 여러 차례 반복해서 강조하는 것은 현재 교통여건은 좋지 않지만, 신설 철도 노선에 의해 서울 업무중심지역으로 이동시간이 절반 이하로 줄어드는 곳의 미래가치가 크다는 것이다.

그런 의미에서 BN2(토평)역 주변은 별내선뿐만 아니라, 현재 활발히 연장공사가 진행 중인 다른 모든 노선을 통틀어 서울 업무중심지역으로 접근성이 기존 교통망에 비해 가장 좋아지는 지역이라고 할 수 있다.

이런 여건이 반영되어 BN2(토평)역 인근의 A아파트는 지난 7년간 단한 번의 가격조정도 없이 꾸준한 상승세를 이어가고 있다.

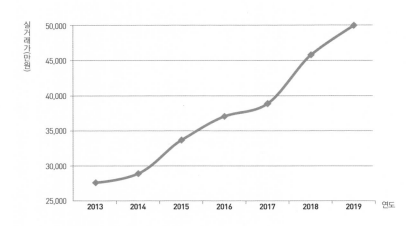

■ BN2(토평)역 인근 A아파트 시세상승추이

출처: 네이버 부동산

분양권 전매제한이 해제된 BN3(구리)역 인근

출처: 네이버지도

BN3(구리)역 인근은 구리시 최고의 상권과 구리전통시장이 자리 잡고 있고, 경의중앙선 구리역이 이미 운행 중인 지역이다. 그러나 경의중앙선이 있음에도 강남까지 접근하려면 여전히 1시간 이상 소요되기 때문에, 별내선 개통 전까지 BN3(구리)역 인근 아파트 시세는 계속 영향을 받을 것으로 보인다. 주변에 신축 아파트가 거의 없는 것이 단점이지만, 최근 BN3(구리)역 인근 신축 아파트의 분양권 전매제한이 해제되었다.

BN3(구리)역 주변의 대표적인 신규 분양 아파트인 한양수자인구리역과 이편한세상인창어반포레의 일반분양가가 각각 1,800만원/m², 1,600만원/m² 정도였으나, 벌써부터 별내선의 파급효과를 반영하듯 분양가 대비 3억원을 훌쩍 넘는 수준의 프리미엄이 붙어서 거래되고 있다. 이마저도 매물이 거의 없는 상태라는 것도 참고해 두면 좋을 것이다.

생활 인프라가 풍부한 BN4(구리도매시장)역 인근

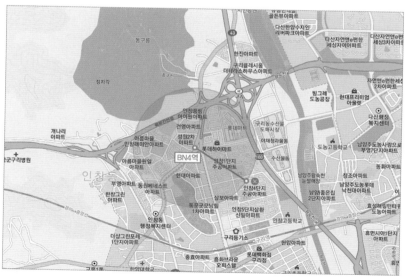

출처: 네이버지도

BN4(구리도매시장)역 인근에는 풍부한 세대수를 갖춘 아파트 단지가 다수 들어서 있고, 대형 쇼핑몰과 구리농수산물시장이 인접해 있다. 구리농수산물시장은 현재 현대화하느냐, 이전하느냐를 두고 계속 논의 중이지만, 어떤 방향을 선택하든 인근 아파트의 생활환경은 이전보다 쾌적해질 것으로 보인다.

특히 BN4(구리도매시장)역은 또 하나의 교통개발호재가 있어서 다른 별내선 역세권보다 추가 시세상승 여력이 더 있다는 점도 눈여겨볼 만하다. 비록 별내선과 필적할 만큼 미래가치가 크지는 않지만, 서울지하철 6호선이 기존 종점인 봉화산역에서 신내역을 거쳐 농수산물사거리로 연결될 예정이다. 그동안 구리 농수산물사거리 주변은 많은 인구가 거주하고 서울과 물리적 거리가 멀지 않음에도, 불편한 교통이 아파트 시세상승에 늘 걸림돌로 작용했다. 만약 별내선 개통과 서울지하철 6호선 연장 개발호재가 더해진다면, 시세상승에 크게 탄력을 받을 것으로 보인다. 2020년 초 기준으로 실투자금액 1억 3,000만원~1억 6,000만원선이면 매입이 가능하다.

BN4(구리도매시장)역 주변은 2015년 12월 별내선 착공 후 한동안 매매시세가 보합상태를 유지하다가 2016년 5월 소폭 상승했다. 나는 그것을 보고 개발호재가 시세에 본격적으로 반영되기 시작했다고 판단했다. 이곳은 내가 실제로 아파트 1채를 매입한 곳이다. 별내선 준공시점까지는 무조건 보유하고, 추가로 6호선 연장 공사 진행상황을 보고 매도시점을 결정할 계획이다. 내가 매입할 당시만 해도 전세가율이 80%를 훌쩍 넘었고, 투자금액도 7,000만원 정도여서 소액 투자로서는 최적의 조건이었다. 비록 당시에 비해 지금은 필요한 투자자금이 커졌지만, 여전히 매력적인 투자처로 볼 수 있다.

나는 이 지역에서 가장 입지가 좋은 아파트를 매입하지는 않았다. 이유는 판단을 잘못한 것이 아니라, 나와 나의 가족이 생활하는 데 아무런 지장이 없는 선에서 투자자금을 마련했기 때문이다. 비록 내가 투자한 아파트가 이 지역에서 가장 입지 좋은 아파트의 수익성에는 미치지 못할지라도, 현 시점에서 내 능력의 한계치를 초과하는 무리한 투자는 하지 않는다는 투자철학을 지킨 것이다.

■ BN4(구리도매시장)역 인근 아파트 평균 매매시세와 전세시세

단위: 만원

	아름마을인창래미안	인창주공1단지	원일가대라곡
매매가/m^2	368	498	519
전세가/m^2	241	263	270
갭차이	12,500 ~ 13,500	14,000 ~ 15,000	17,000 ~ 19,000
준공년도	2000년	1996년	2005년
세대수	816세대	1,344세대	533세대

출처: 다음부동산(2020년 초 기준)

전세가율 50% 미만, 투자금액이 많이 필요한 BN5(다산)역 인근

출처: 네이버지도

다산진건지구와 다산지금지구로 구분되는 다산신도시에서 BN5(다산)역 개발호재의 영향을 받는 아파트는 다산진건지구에 집중되어 있다. 따라서 별내선 개통 후에는 다산신도시 내에서도 아파트 시세편차가 더욱 심화될 것으로 보인다.

BN5(다산)역 인근 역시 별내선 개발호재와 더불어 다산시도시 내 기반시설들이 점점 들어서면서 매년 시세가 꾸준히 상승하고는 있지만, 전세가율이 50%를 밑돌아 투자 목적으로 접근하기에는 많은 투자자금이 필요한 것이 부담이다.

단위: 만원

	다산이편한세상자이	다산자연앤롯데캐슬	다산자연앤이편한세상
매매가/m²	689	654	637
전세가/m²	346	328	323
갭차이	28,500 ~ 33,000	31,500 ~ 32,000	34,500
준공년도	2018년	2018년	2018년
세대수	1,685세대	1,186세대	1,615세대

출처: 다음부동산(2020년 초 기준)

위치가 애매한 BN6(별내)역 인근

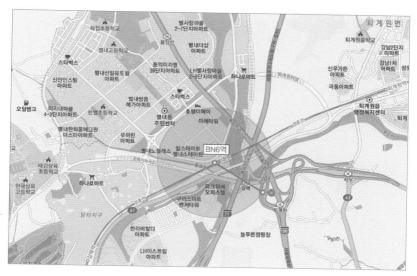

출처: 네이버지도

BN6(별내)역은 위치가 애매하다. 현재 경춘선 별내역이 별내신도시 남쪽 끝에 위치한 데다, 아파트가 있는 주거지역까지는 마을버스로 환승해야 할 정도로 멀어 도보 이동은 힘들다고 볼 수 있다.

국가철도망 구축계획안에 별내신도시 중앙으로 8호선 연장 별내선의 추가 연장사업이 계획되어 있기는 하지만 이는 아직 계획에 불과하다. 따라서 현 시점에서 단순히 이것을 개발호재로 보고 투자 목적으로 들어가기에는 시기가 적절치 못하다고 판단된다. BN6(별내)역 인근 아파트의 시세를 참고로 제시한다.

■ BN6(별내)역 인근 아파트 평균 매매시세와 전세시세

단위: 만원

	별내우미린	별내쌍용예가	동익미라벨38
매매가/m^2	450	498	469
전세가/m^2	286	286	298
갭차이	22,000 ~ 24,000	24,000 ~ 31,000	19,500 ~ 23,000
준공년도	2012년	2012년	2013년
세대수	396세대	652세대	369세대

출처: 다음부동산(2020년 초 기준)

성급한 투자는 금물!
4호선 연장 진접선

어디까지 왔고, 언제쯤 마무리될까?

진접선의 당초 공사계획은 2010년부터 2019년까지였으나, 현재 2021년으로 준공 시기가 연장된 상태이다. 총사업비 1조 3,000억원 정도를 들여 시행하는 사업으로, 2010년 9월 예비타당성 조사를 완료하였고 2013년 12월 기본계획을 고시하였다.

막대한 국가예산을 들여 장기간 진행하는 사업은 구체적인 기본계획 수립 및 민간사업자 선정 과정에서 늦어지기도 하고, 사업자 간 의견조율이 원활하지 않아 무한정 중단되기도 한다. 더욱이 사업이 한참 진행되는 도중에 정권이 바뀌면 해당 사업을 중점사업으로 판단하지 않을 수도 있다. 이럴 경우 자연스럽게 사업이 지연되기도 한다.

이런저런 다양한 이유로 철도사업이 당초 예정보다 지연되는 경우는 빈번하게 발생한다. 투자자가 계획은 말 그대로 계획으로만 여기고, 실제 공사 진행상황에 관심을 갖고 수시로 체크해야 하는 까닭이다.

강남 진입 시 상당히 우회해야

진접선은 서울지하철 4호선 종점인 당고개역에서 별내신도시와 오남을 거쳐 진접까지 총 4개 역을 건설하는 사업이다.

진접에서 당고개역까지는 10분대면 충분히 도착하지만, 진접에서 4호선으로 강남, 서초 등에 진입하려면 상당히 우회해야 하는 문제점이 있다. 그러므로 진접선이 본격적으로 개통되더라도 광역버스 등 기존 교통수단을 이용하는 사람들이 여전히 많을 것이며, 이것이 아직까지 진접선의 미래 가치를 크게 볼 수 없는 이유이다.

다른 연장노선과 연계해서 투자시기를 조절하자

따라서 현 시점에서 볼 때 4호선 연장 진접선 인근 아파트에 투자하려면 진접선 자체를 호재로 보기보다는 다른 노선의 연장계획과 연계해서 생각할 필요가 있다.

국가철도망 구축계획을 보면, 8호선 연장 별내선 추가 연장사업으로 진접선 연결이 예정되어 있어 잠실 접근성이 좋아질 여지가 있다. 그러나 아직은 계획단계이므로 실제 착공 및 준공까지는 상당한 시간이 걸린다. 또 사업이란 것은 진행 중에도 여러 가지 변수로 인해 연장되기도 하고 중단되기도 하므로, 별내선 연장 계획만을 보고 투자결정을 하기에는 장기간 자금이 묶이고 투자효율도 반감될 가능성이 높다.

현재로서는 4호선 연장사업 자체만을 개발호재로 여겨 투자에 나서는 것은 조금 위험하다. 아직 계획에 불과한 8호선 연장 별내선과 연결사업이 확정되면 이후 진행상황에 초점을 맞추고 투자시기를 결정해도 늦지 않다고 본다.

003(진접)역 인근 아파트 시세를 아래에 소개하니 참고로만 보기 바란다.

■ 003(진접)역 인근 아파트 평균 매매시세와 전세시세

단위: 만원

	반도유보라메이플타운	진접신도브래뉴	부영사랑으로
매매가/m²	281	288	224
전세가/m²	197	171	168
갭차이	9,000	16,000	6,500
준공년도	2009년	2009년	2009년
세대수	873세대	538세대	1,080세대

출처: 다음부동산(2020년 초 기준)

신설 철도망이 무조건 수익을 의미하는 것은 아니다

새로운 전철노선이 생긴다고 해서 모두 호재로 보지는 않는다. 4호선 연장 진접선이 개통되더라도 여전히 교통 여건이 크게 나아질 것이 없으므로 다음 개발호재가 있을 때까지 지켜보는 것이 좋다. 투자결정을 할 때도 다른 노선들처럼 공사 진행 정도에 따라 언제 들어갈지를 고민할 것이 아니라, 이 책에서 언급한 객관적인 사실을 바탕으로 해당 노선 인근 아파트에 투자하는 것 자체에 타당성이 있는지 없는지 스스로 판단해야 한다. 투자에 따른 책임은 투자자 본인이 전적으로 져야 하기 때문이다.

진접선 신설 예정역 4곳과 그 반경 500m를 지도에 표시했다. 각 역 인근 투자 가치에 대해서도 짧게 언급해 두었으니 투자 시 참고하기 바란다.

■ 001(북별내)역 인근

출처: 네이버지도

신도시답게 비교적 신축에 가까운 아파트 단지가 분포해 있지만 교통 여건은 그다지 좋지 못하다. 가장 가까운 경춘선 별내역도 약 2.5km 이상 떨어져 있다.

■ 장래(풍양)역 인근

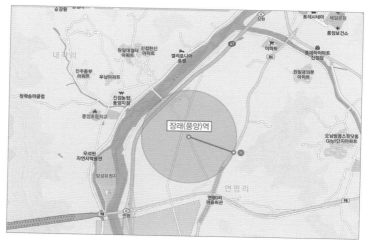

역세권 개발 계획이 잡혀있으나 현재는 미개발 상태이다.

■ 002(오남)역 인근

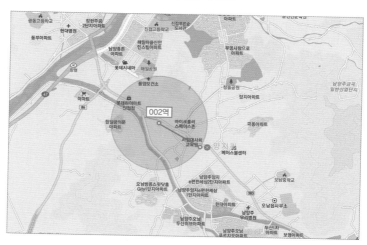

반경 500m 이내에는 아파트 단지가 없고, 반경 1km 이내에 있는 아파트 단지는

세대수가 많지 않다.

■ 003(진접)역 인근

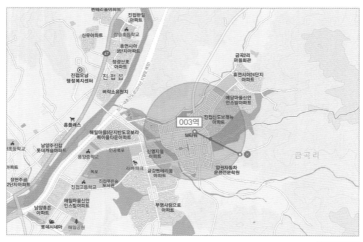

출처: 네이버지도

4호선 연장 진접선 신설 역세권 중에서는 가장 많은 아파트 단지가 분포해 있다.

시간은 걸려도 서울 접근성이 좋아진
7호선 연장 양주선

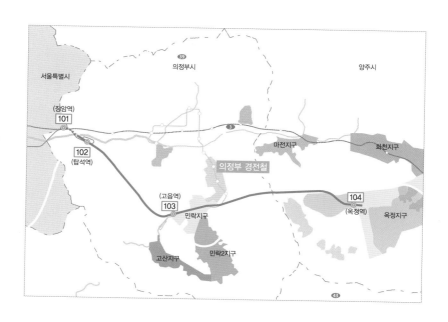

어디까지 왔고, 언제쯤 마무리될까?

양주선은 2010년 1차 예비타당성 조사를 신청할 때 장암-신곡-탑석-민락-고읍-옥정-송우-포천에 이르는 33.1km 노선을 제안했지만 B/C값이 0.61에 불과했다.

이 같은 결과가 나오자 2011년 포천을 제외한 장암-탑석-고읍-옥정 14.08km 노선에 대한 2차 검토가 시행되었지만, 역시 B/C값이 0.83에 머물며 여전히 사업성이 부족하다는 평가를 면치 못했다.

⌂ 알아두면 유용한 부동산 꿀팁

B/C(투자타당성)란?
흔히 특정 사업의 경제성을 논할 때 B/C(Benefit Cost Ratio)라는 표현을 쓴다. 한마디로 들인 비용 대비 이익이 얼마나 되느냐, 즉 해당 사업의 투자타당성을 의미한다. 국가 재정이 들어가는 사업은 기본적으로 타당성 조사를 하게 되어 있으며, 한국개발연구원(KDI)에서 평가한다. 값이 1 이상이어야 사업성이 있다고 평가한다.

이론상 B/C값이 1을 넘어야 사업성이 있다고 보는데 양주선은 이에 훨씬 미치지 못했다. B/C로 경제성을 분석해서 어떤 사업의 타당성을 평가할 경우, 인구가 적고 도시화되지 못한 지역일수록 교통량이 적어 B/C값이 낮게 나올 수밖에 없다. 7호선 연장 양주선처럼 계속되는 사업내용 수정에도 불구하고 사업의 타당성을 이끌어내지 못할 경우, 그 지역의 낙후도를 고려한 별도의 지표를 추가로 고려하게 된다.

이 별도의 지표를 AHP(Analytic Hierarchy Process)라고 하는데, 말 그

대로 계층(다른 지역과의 상대적 낙후도)의 경제성을 평가할 때 함께 고려하는 지표라는 뜻이다. 이론상 B/C값이 1을 넘을 때, AHP가 0.5를 넘을 때 사업성이 있다고 본다.

통상 경제성이 괜찮은 개발사업은 두 지표 모두 기본 수치를 상회하지만, 둘 중 하나만 충족해도 예비타당성 조사를 통과할 수 있다. 결국 2013년 의정부시와 양주시는 B/C값을 올리기 위해 철로의 단선화로 공사비용을 절감하는 방안과 운영인력 및 유지관리비 절감 방안을 제시했다. 이를 바탕으로 도봉산역-장암-탑석-고읍-옥정 15.0km 노선을 검토한 결과, 7호선 연장 양주선은 비록 B/C값에서는 1에 미치지 못하는 0.95를 받았지만, AHP에서 0.508(청라선 0.561)을 받아 어렵게 예비타당성 조사를 통과했다.

양주선 개통 배경

사업 확정 이후에도 서울지하철 7호선 도봉산~옥정 광역철도 사업 구간 내 신설 역인 장암, 고읍, 옥정이 도심 중앙이 아니라 가장자리를 거친다는 이유로 장암역 이전의 필요성과 민락역 신설을 요구하는 목소리가 점점 커져갔다.

그나마 다행인 것은 국토부가 발표한 수도권 광역교통망 개선대책에 따라, 양주시에 속하는 옥정역의 기존 종점을 가장자리가 아닌 중심부로 연장하기로 2018년 말에 최종 결론이 났다는 것이다. 의정부시도 지역 공동주택 건설로 입주민이 꾸준히 증가하고 있고, 주변 개발계획 등을 사유로 들어 장암역의 중심부 이전과 민락역 신설의 필요성을 주장했지만, 끝내 무산되어 별도의 대중교통 대책을 추진하고 나서는 사태까지 벌어졌다. 아무래도 신설 역사가 중심부가 아니라 가장자리에 위치하면 노선 이용의 효율성이 떨어지므로 해당 노선의 가치는 낮게 평가될 수밖에 없다.

그리고 결정적으로 양주선은 복선전철이 아닌 단선전철이라는 단점을 지닌다. 단선과 복선은 표현 그대로 두 대의 열차가 하나의 선로로 번갈아가며 상하행으로 운행되느냐, 아니면 상하행이 각각 독립된 선로로 운행되느냐이다. 실제 개통되어 전철이 운행될 때 단선과 복선의 차이는 매우 크다. 단선으로 운행되면 서로 충돌하지 않기 위해 반대편 열차가 지나갈 때까지 한쪽 열차가 정차해야 하므로 시간이 지체된다. 따라서 열차운행 간격이 길어져 승객이 불편을 겪으며 노선의 가치도 그만큼 떨어진다.

현재도 7호선으로 도봉산역에서 고속터미널역까지 가는 데 출근 시간대에는 1시간 가까이 소요된다. 이런 상황에서 양주선이 개통된들 도봉산을 거쳐 업무시설이 집중된 강남까지 접근성이 획기적으로 좋아지지는 않을 것이다.

7호선 연장 양주선 옥정역 인근의 신축 아파트 위주로 현재 시세는 다음과 같으니 참고하기 바란다.

■ 104(옥정)역 인근 아파트 평균 매매시세와 전세시세

단위: 만원

	이편한세상양주신도시2차	이편한세상옥정어반센트럴	옥정센트럴파크푸르지오
매매가/m²	322	338	335
전세가/m²	228	218	237
갭차이	10,000	12,000 ~ 14,000	8,000
준공년도	2018년	2017년	2016년
세대수	1,160세대	761세대	1,862세대

출처: 다음부동산(2020년 초 기준)

광역철도의 정확한 의미는?

일반적으로 광역철도는 둘 이상의 시·도에 걸쳐 운행되는 도시철도를 말한다. 도시철도는 대도시의 교통 혼잡을 완화하고 빠른 속도로 운행하기 위해 부설한 대중교통을 의미한다. 일상에서 흔히 사용하는 광역철도의 의미는 수도권 전철 중 서울 지하철과 인천 도시철도, 경전철 노선을 제외한 구간을 말한다. 처음에는 도시철도로 시작했지만 연장을 거듭해 광역철도가 된 노선들도 있다. 광역철도 중 수도권 외곽에서 서울 중심지까지 빠르게 연결하는 신설 노선을 광역급행철도(GTX)라고 한다.

투자를 고려 중인 투자자에게

만약 7호선 연장 양주선을 중심으로 투자할 아파트를 찾는다면 4호선 연장 진접선과 마찬가지로 언제 개통될 것인지 하는 시간상 문제보다는, 7호선 연장이 의정부와 양주의 전체 교통여건 개선에 얼마나 큰 영향을 미칠 것인지를 스스로 판단하는 것이 더 중요하다.

참고로 양주선 반대쪽 끝으로는 부평구청에서 청라국제도시까지 7호선 연장계획이 예비타당성 조사를 통과해서 현재 기본계획을 수립 중이며, 계획대로라면 2027년쯤 개통될 것으로 보인다.

부평구청과 청라국제도시를 잇는 7호선 연장 청라선은 환승 없이 고속터미널역까지 복선철도를 통해 이동이 가능하다는 점에서 양주선보다는 상황이 나은 편이다. 그러나 개통되더라도 여전히 강남권으로 접근하는 데 1시간 이상 소요되므로 미래가치가 크다고는 볼 수 없다.

지금도 부평구청역에서 고속터미널역까지 약 55분 정도 소요되며, 향후 청라국제도시에서 고속터미널역까지 이동하려면 최소한 1시간 10분 이상 소요될 것으로 보인다. 따라서 청라국제도시에 거주하는 사람들은 서울 강남으로 이동할 때 기존에 이용하던 교통편을 그대로 이용하는 빈도가 높을 것이다.

7호선 연장 청라선 103~105역 예정지 인근인 인천 청라동 주변의 현재 시세는 다음과 같으니 참고하기 바란다.

■ 103~105역 주변 아파트 평균 매매시세와 전세시세

단위: 만원

	청라19단지웰카운티	청라센트럴에일린의뜰	청라푸르지오
매매가/m²	348	567	570
전세가/m²	203	298	275
갭차이	17,500	24,000 ~ 29,500	32,000 ~ 34,500
준공년도	2012년	2018년	2013년
세대수	464세대	1163세대	751세대

출처: 다음부동산(2020년 초 기준)

물론 시간이 얼마나 소요되든 서울로 환승 없이 접근 가능한 복선전철이 새로 생긴다는 것은 그 지역에 분명한 호재이다. 그러나 비슷한 투자자금과 공사기간이라면 여전히 서울 중심지로 이동하는 데 많은 시간이 소요되는 곳보다는, 기존 교통망에 비해 서울 중심지로 이동하는 시간이 절반 이하로 줄어드는 곳을 선택해야 하지 않을까?

3부

광역급행철도(GTX)
파헤치기

GTX는 경기도 외곽에서 서울 도심의 업무중심지역을 연결하는 광역급행철도를 말하며 수도권 광역급행철도라고도 한다. 2011년 제2차 국가철도망 구축계획에 포함되었으나, 국토부와 지자체 간의 이해관계 때문에 사업시기가 늦춰져 이번 제3차 국가철도망 구축계획으로 이동한 상태이다.

A(파주 운정~화성 동탄), B(인천 송도~경기 마석), C(경기 양주~경기 수원)를 잇는 총 3개 노선이 개발 진행 및 계획 중이다. 3부에서는 광역급행철도(GTX) 노선을 중심으로 내가 투자할 지역 및 아파트를 스스로 찾는 눈을 길러 보자. 참고로 광역급행철도 배치는 알파벳순에 따랐다.

생활권에 혁명을 불러올

GTX

서울 인구 분산을 위해 도입된 GTX

우리나라의 공식적인 주택보급률은 2010년 이미 100%를 넘어섰다. 이론 대로라면 지금쯤 우리나라 국민은 대부분 자기 집 한 채씩은 갖고 있어야 하지만, 여전히 내 집 마련을 목표로 하는 사람들이 많다. 왜 이런 현상이 발생할까?

그 이유는 일자리, 상업시설, 인프라 등 사람들이 원하는 시설이 대부분 서울에 집중되어 있어서 대다수가 서울이나 서울과 가까운 지역에 살고 싶어 하기 때문이다.

하지만 서울은 그린벨트를 경계로 더 이상 팽창할 수 없는 구조적 특징을 갖고 있고, 강서구 마곡지구를 끝으로 더 이상 대규모 택지개발을 진행할 만한 땅이 없는 실정이다.

실제로 마곡지구 택지개발 이후 최근 들어 각종 매체에서 서울 내 대규모 택지개발사업과 관련한 보도가 없다는 사실이 이를 증명한다. 많은 사람들이 서울로 몰리는 반면 주택 공급에는 한계가 있다 보니, 경기도 외곽까지 지하철을 연장하는 동시에 속도 문제까지 해결해 서울 접근성을 높이는 것이 이러한 한계를 극복하는 가장 좋은 방법으로 떠올랐다.

이런 그림이 성사만 된다면 무리해서 비싼 아파트 값을 감당하면서까지 서울 중심부에 몰려 살 필요가 없어질 것이라는 추측이 가능해진다. 정리하면, 서울 도심 중심부와 경기도 외곽지역을 빠르게 연결함으로써 서울에 집중된 주거 범위를 확대하여 주택난을 해소하는 효과를 기대하는 것이 광역급행철도(GTX)의 도입 배경이라고 볼 수 있다.

출퇴근 시간 2배 이상 단축될 것으로 기대

GTX는 정차시간까지 고려해 평균시속 100km, 최고시속 200km로 운행될 예정이다. 우리가 흔히 출퇴근 시간에 이용하는 일반 도시철도 최고시속이 80km 정도인 것을 감안하면 2배 이상 빠른 속도로 이동이 가능하다.

직장인들은 출퇴근 시간이 얼마나 걸리느냐에 따라 삶의 만족도에 큰 차이를 느끼는데, 안타깝게도 우리나라 평균 출퇴근 시간은 OECD 회원국의 평균 출퇴근 시간에 비해 2배나 더 걸린다.

젊은 부부들이 다른 주거형태보다 아파트를 선호하는 데다, 경제적 부담은 크지만 쾌적한 환경을 선호하는 현상이 맞물려 불가피하게 서울보다는 경기도 외곽에 주거지를 마련하는 경우가 점점 늘어나고 있기 때문이다.

■ OECD 주요 회원국 평균 출퇴근 시간

국가명	평균 출퇴근 시간(분)
노르웨이	14
스웨덴	18
미국	21
영국	22
호주	25
독일	27
네덜란드	28
오스트리아	29
캐나다	30
대한민국	58

출처: OECD(2016년 기준)

이런 현상이 심화될수록 교통난까지 더해져, 주거지가 밀집되어 있는 경기도 외곽 어디에서 출퇴근하더라도 서울 업무중심지역까지 평균 1시간 30분 정도가 소요된다.

하지만 GTX 전 노선이 완공되면 이야기가 달라진다. 경기도 외곽에서 서울 업무중심지로 이동하는 데 걸리는 시간이 2배 이상 줄어들면서, 물리적으로 팽창이 불가능했던 서울이 결과적으로 팽창하는 효과가 생긴다. 출퇴근에 1시간 넘게 걸리던 기존 지역이 GTX 완공으로 20분대 이내로 들어오면 같은 서울 생활권으로 편입된다고 볼 수 있다.

GTX, 서울에서 멀어질수록 투자가치 상승

GTX 완공으로 직주근접의 범위가 넓어지면 높은 집값을 무리하게 감수하며 굳이 서울에 거주할 필요성을 못 느끼게 될 것이다. 따라서 상대적으로 서울 생활권에 속하게 될 경기도 외곽지역에 수요가 집중되어 거래량이 늘어날 것이고, 이는 결국 경기도 외곽지역 아파트 가격 상승으로 귀결될 것이다. 따라서 GTX를 이용할 경우 기존 교통수단 대비 서울 접근시간이 획기적으로 줄어드는 지역에 투자하는 것은 GTX 공사기간과 맞물려 커다란 기회가 될 것이다.

현재 GTX 공사는 A(파주 운정~화성 동탄), B(인천 송도~경기 마석), C(경기 양주~경기 수원) 총 3개 노선에서 진행 및 계획 중이며 모두 예비타당성 조사를 통과하였다. 이제부터 각각의 노선을 자세히 살펴보고 투자가치가 있는 지역을 분석해 보자.

■ 수도권 광역급행철도(GTX) 추진 현황

노선	A노선	B노선	C노선
구간	파주 운정~동탄(83.1km)	인천 송도~남양주 마석(80.1km)	양주 덕정~수원(74.2km)
정거장	10개	13개	10개
사업비(원)	5조 5,473억원	5조 7,351억원	4조 3,088억원
소요시간	일산~삼성역(80분→20분)	송도~서울역(82분→27분)	수원~삼성(78분→22분)
추진현황	2023년 준공 예정	예비타당성 통과. 2022년 착공 예정	2021년 착공 예정

* 2020년 2월 기준

■ 수도권 광역급행철도(GTX) 노선도

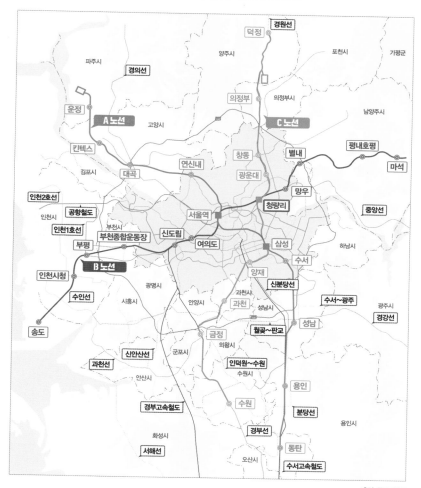

출처: 국토교통부

GTX는 아파트 시세에 영향을 미치는
호재가 아니다?

GTX 개통이 무조건 호재는 아니라고?

GTX 전체 노선이 완공되어 본격적으로 운행된다고 할 때 예측되는 문제점이 몇 가지 있다. 이 문제점들이 해결되지 않는 한 GTX가 본격적으로 개통되어도 이용자가 많지 않아 아파트 시세에 큰 영향을 미치지는 않을 거라는 주장도 있다. 과연 그럴까? 한번 확인해 보자.

문제 ① 2배 이상 증가하는 교통비

예비타당성 조사에서 계획한 요금체계는 1,500원/10km + 250원/5km이다. 양주 덕정역에서 삼성역까지 왕복 거리는 약 80km이므로, 하루 교통비를 계산하면 약 6,000원이 나온다. 평일에 22일간 왕복으로 이용하면 약 13만원이 들고, 노선 및 구간마다 약간 차이가 있음을 감안하면 평균 15만원 정도를 매달 교통비로 지출하게 된다는 결론이 나온다.

서울 내로 들어와서 다른 교통수단으로 환승한다면 교통비는 더 추가된다고 볼 수 있다.

문제 ② GTX를 타기까지 걸리는 이동시간

GTX가 빠른 속도를 꾸준히 유지하기 위해서는 지하 40m 이상으로 깊숙이 내려가야 한다. 따라서 탑승하고 내리는 데 적잖은 시간이 소요될 것으로 보인다.

지하 40m는 아파트 13층 정도 깊이로 이 정도 거리를 에스컬레이터로 지그재그 이동하려면 최소 7분 이상 소요되며, 사람이 몰리는 출퇴근 시간에는 더 많이 소요될 것이다.

문제 ③ 긴 배차 간격

GTX의 일반적인 배차 간격은 6분 정도로 예정되어 있는데 이는 일반 도시철도의 2배에 해당한다.

바쁜 출퇴근 시간에 상대적으로 긴 배차간격으로 인해 실제 도달 시간은 예상보다 더 많이 걸릴 것으로 보인다.

문제는 해결하라고 있는 것

나는 이런 문제점들이 GTX가 정상적으로 운행되는 데 별다른 영향을 주지는 못할 것으로 예상한다. 이미 관련 지자체마다 이런 문제점들을 인지하여 대책을 마련하고 있기 때문이다.

해결 ① 환승 시스템 도입

GTX 역시 환승이 가능하며 환승할 경우 할인을 적용하는 시스템 도입을 검토 중이다. 이미 해외 선진국에서 시행하고 있는 제도를 모티브로 하여, 정기권 하나로 해당 구역 안에서는 모든 대중교통으로 상호 환승이 가능하도록 하는 방안을 추진하고 있다.

일반환승 할인율을 적용할 경우 GTX 요금 역시 광역버스 요금과 유사한 수준으로 낮아질 것이며, 당초 예상하던 금액의 절반 수준에서 교통비가 형성될 것으로 보인다.

해결 ② 고속 엘리베이터 설치로 이동시간 단축

탑승하고 내리는 데 소요되는 시간을 최소화하기 위해 고속 엘리베이터를 설치하여, 역사 내에서는 가급적 수직으로 한 번에 이동이 가능하도록 할 예정이다.

현재 운행 중인 도시철도 역사 내 엘리베이터를 보면, 열차에서 하차한 후 한 번에 역사 밖으로 나올 수 있는 곳을 거의 찾기 힘들다. 그 이유는 공사에 시간차가 있는 두 개 혹은 세 개 노선을 환승 가능하도록 연결하다 보니, 앞서 준공된 역사의 내부구조와 전반적인 환승체계를 고려해서 엘리베이터를 추가로 설치했기 때문이다. 또한 최근 몇 년 사이에 엘리베이터의 필요성이 대두되면서 단일 노선만 운행하는 기존 역사에서도 내부구조를 고려해서 엘리베이터를 설치하다 보니 몇 번을 바꿔 타야만 역사 밖으로 나갈 수 있는 불편한 구조가 되었다.

하지만 GTX역에 수직 고속 엘리베이터가 도입되면, 엘리베이터를 몇 번이나 타고 내려야 역사 밖으로 나가거나 다른 노선으로 환승할 수 있는 불편함이 사라져 상당한 시간이 단축될 것으로 예상된다.

해결 ③ 표정속도에 주목

간혹 GTX 역시 무늬만 신설 노선이고 출퇴근 시간에는 긴 배차 간격 때문에 결국 실효성이 떨어지지 않을까 하는 의문을 제기하는 사람이 있다. 이 경우 GTX가 제시하는 표정속도를 고려한 최고시속 모델에 주목해 보자.

표정속도란 열차가 운행하는 구간거리를 소요시간으로 나눈 수를 속도로 환산한 것이다. 이때 소요시간에는 각 정거장의 정차시간도 포함한다는 점에서 정차시간을 포함하지 않는 평균속도와 구분된다.

통상 일반 도시철도처럼 역간 거리가 짧은 노선에는 해당 노선 최고속도의 약 40% 수준에서 표정속도를 설정하지만, GTX처럼 역간 거리가 긴 노선에는 해당 노선 최고속도의 약 80% 수준에서 표정속도를 설정한다. 따라서 정차하는 정거장 수를 줄이고 최고속도를 올리면 그만큼 표정속도에 의한 효과는 배가된다고 볼 수 있다.

물론 표정속도라는 개념이 GTX에만 적용되는 것은 아니다. 그러나 긴 구간을 빠르게 이동하는 GTX의 특성을 고려하면 더욱 의미 있는 지표라고 볼 수 있다. 이 내용이 다소 어렵게 느껴진다면, GTX가 제시하는 운행속도가 배차 간격과 기타 지연 운행될 수 있는 상황까지 고려해서 구한 속도라는 것만 이해해도 좋을 것이다.

해결 ④ 광역환승센터 구축

그 밖에도 다른 노선과 철로 공유 여부를 재검토하고 GTX역 중심의 광역환승센터를 구축하는 등의 방법을 통해 이런 문제점들을 해결해 나갈 예정이다. 그렇다면 광역환승센터가 대체 무엇이기에 각 지역 거점 환승역에 하나의 트렌드처럼 도입할까?

광역환승센터란 열차, 지하철, 버스 등 교통수단 간의 원활한 연계 및 환승과 상업, 업무 등 경제적 활동을 복합적으로 지원하기 위해 환승시설과 지원시설을 한곳에 모아둔 곳이다.

서울 시내 중심지의 최소 3개 노선 이상이 만나는 환승역에서 다른 노선으로 환승하려면, 한참을 걸어야 하고 몇 개의 층을 이동해야만 한다. 향후 광역환승센터가 도입되면 각 노선 간 이동거리가 줄어들고 환승 방법이 한결 간편해져 특히 출퇴근 시 불필요한 시간 낭비를 최소화할 수 있다.

이러한 대안들이 GTX 개통과 함께 도입된다면, GTX 정차역의 반경 500m 이내에 있는 아파트에서 서울 중심지로 빠른 시간 내에 편리하게 이동할 수 있을 것이다.

운정부터 동탄까지
GTX-A 노선

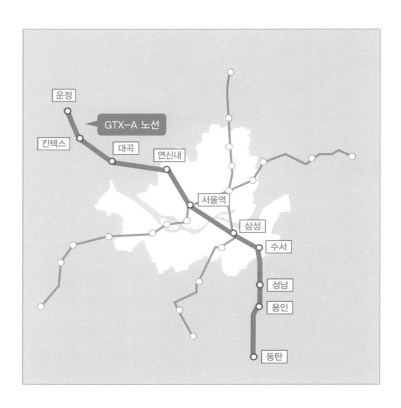

사업 현황 및 계획

GTX-A 노선은 GTX 3개 노선 중 사업 추진 속도가 가장 빠르다. 노선의 개요를 보면, 운정-킨텍스-대곡-연신내-서울역-삼성-수서-성남-용인-동탄으로 이어지는 총 83.1km의 대규모 사업이다.

열차 운행 속도를 높이기 위해 지하 40m가 넘는 깊이에 직선 철도를 건설하며, 최고속도는 시속 200km, 평균속도는 110km 정도로 알려져 있다.

이 노선이 개통되면 경기도 북서지역과 서울 간 통근시간이 기존 전철과 비교해 크게 단축될 것으로 예상된다. 일산에서 서울역 구간은 현재 약 52분에서 14분으로, 일산에서 삼성역 구간은 약 80분에서 20분으로, 삼성역에서 동탄역 구간은 약 77분에서 19분으로 각각 빨라진다.

지난해 착공식 이후 인허가 협의, 보상관계 협의, 현장조사 등 공사 준비단계가 진행 중이다. 완공 예상 시점은 공식적으로 발표한 2023년으로 예상되며 아직까지 특별히 변동 고시된 것은 없는 상태이다.

개통 이점

수도권 광역급행철도 노선은 광역철도 및 도시철도에서 경기도로 파생되는 신설 노선과는 반대로, 서울 중심지역과 멀리 떨어져 있으면서 개통과 동시에 획기적으로 이동시간이 단축되는 곳이 가장 큰 수혜를 받는다.

그동안 강남, 서초, 잠실, 종로 등으로 출퇴근하기 위해 불편한 교통을 감수하고 저녁 없는 삶을 살거나, 비싼 아파트 시세를 감당하지 못해 전세나 월세 형태로 서울 또는 근교에서 거주하던 불편함이 광역급행철도가 개통되면 상당 부분 해결되기 때문이다.

따라서 광역급행철도를 이용해 매일 30분 이내로 출퇴근할 수 있고, 아파트 시세도 훨씬 저렴한 경기도 외곽 신도시가 각광받게 된다.

호재가 예상되는 지역

파주 운정 및 일산 인근

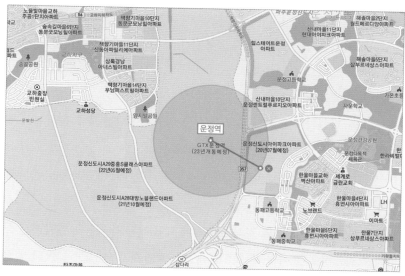

출처: 네이버지도

GTX-A 노선이 착공되어 본격적인 공사가 진행되면 파주 운정이나 일산 등이 빛을 보게 된다. 특히 일산은 그동안 인근의 대규모 개발로 대표적인 1기 신도시의 위엄을 잃고 많이 쇠퇴했지만, 이번 GTX-A 노선 착공과 함께 서서히 예전의 위용을 되찾을 가능성이 높다.

그동안 일산은 대규모 일자리도 부족하고 서울의 업무중심지역인 강남까지 접근성도 떨어져 아파트 시세상승에 한계가 있었다. 그러나 일산 킨텍스역이 GTX-A 정차역으로 확정되면서 삼성역까지 20분이면 도달할 수 있게 되었고, 기존 일산의 미개발 지역에 일산테크노밸리가 조성되면서 자족기능을 갖춘 독립된 자족도시로 변화를 준비하고 있다. 이러한 변화는 GTX 킨텍스역과 기존 3호선 대화역과 주엽역 사이에 분포한 아파트 시세상승에 긍정적인 영향을 줄 것으로 보인다.

그럼에도 불구하고 일산은 1기 대표 신도시답게 대부분의 아파트가 1990년대 중반에 준공해 노후화되었으며, 매매가와 전세가의 갭차이가 다소 부담스러운 수준이어서 투자 목적으로 들어가기에 최적의 조건은 아니라고 판단된다.

■ **GTX 킨텍스역, 3호선 대화역 · 주엽역 인근 아파트 평균 매매시세와 전세시세**

단위: 만원

	장성3단지건영	문촌19단지신우	문촌18단지대원
매매가/m²	365	431	431
전세가/m²	219	225	243
갭차이	22,500 ~ 24,000	20,000 ~ 24,000	25,500 ~ 29,500
준공년도	1996년	1994년	1995년
세대수	354세대	658세대	378세대

출처: 다음부동산(2019년 말 기준)

동탄역 인근

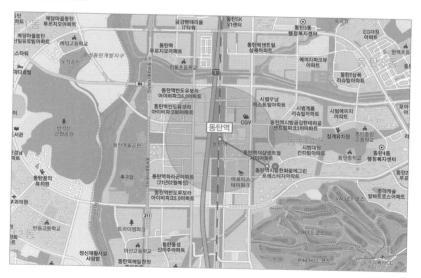

출처: 네이버지도

동탄역 역시 그동안 막대한 공급물량으로 인해 시세가 위축되어 있었지만, GTX-A 착공 및 개통이 호재로 작용할 것이다.

다만 전세가율이 30%대로 낮아서, 투자 목적으로 동탄역 역세권 아파트를 매입하려면 5억원 이상의 많은 현금이 필요하다는 점이 매우 부담스러운 부분이다.

■ 동탄역 인근 아파트 평균 매매시세와 전세시세

단위: 만원

	반도유보라아이비파크5.0	한화꿈에그린프레스티지	더샵센트럴시티
매매가/㎡	772	785	853
전세가/㎡	195	340	273
갭차이	50,500 ~ 59,000	48,000 ~ 53,000	70,000 ~ 74,000
준공년도	2017년	2015년	2015년
세대수	545세대	1,817세대	874세대

출처: 다음부동산(2020년 초 기준)

이제 동탄 2기 신도시는 공급물량이 거의 다 소진되었고, 다른 2기 신도시와는 달리 인근에 대규모 추가 공급계획이 없어서 전세가율이 빠르게 회복될 것으로 보인다.

2만 3,000여 세대가 공급된 동탄 2기 신도시는 2019년 초까지 일부 소형단지를 제외하고는 모두 분양이 끝난 상태이다. 전체 공급세대 수를 감안할 때, 아직 남아있는 소형단지 공급물량이 주변 아파트 시세에 별다른 영향을 주지는 않을 것으로 판단된다.

인근에 1만 7,000여 세대의 계양 신도시가 예정된 인천 2기 신도시인 검단이나 무려 6만 6,000여 세대의 왕숙 신도시가 예정된 남양주 2기 신도시인 다산과 비교하면, 인근에 대규모 추가 공급계획이 예정된 3기 신도시가 없는 동탄 2기 신도시의 상황은 동탄역 주변뿐만 아니라 신도시 인근 아파트 전체 시세 안정에 매우 고무적이라고 볼 수 있다.

반면에 검단 신도시와 다산 신도시는 인근 3기 신도시에 본격적인 공급이 시작되면 또다시 상당기간 조정 및 하락을 겪을 것으로 보인다. 그러나 동탄역 주변 아파트도 아직까지는 매매가와 전세가의 갭차이가 크므로, 투자 목적으로 들어가기에 좋은 상황은 아니다.

신수원선 115, 116역

동탄역 인근에서 투자 대상으로 삼을 아파트를 찾는다면, 동탄역 역세권보다는 동탄역에서 GTX로 환승이 가능한 신수원선 115역과 116역 주변 아파트를 눈여겨볼 필요가 있다.

특히 신수원선 115역 주변은 시세도 높지 않고, 전세가율이 85%를 상회한다는 점에서 취득세와 각종 수수료를 포함해 5,000만원 정도의 자금으로 투자가 가능한 좋은 조건이 형성되어 있다.

■ 신수원선 115역 인근 아파트 평균 매매시세와 전세시세

단위: 만원

	안화동마을주공7단지	병점신미주
매매가/m²	266	205
전세가/m²	211	148
갭차이	4,000	4,000 ~ 6,000
준공년도	2004년	1999년
세대수	742세대	470세대

출처: 다음부동산(2020년 초 기준)

■ 신수원선 전체 노선도

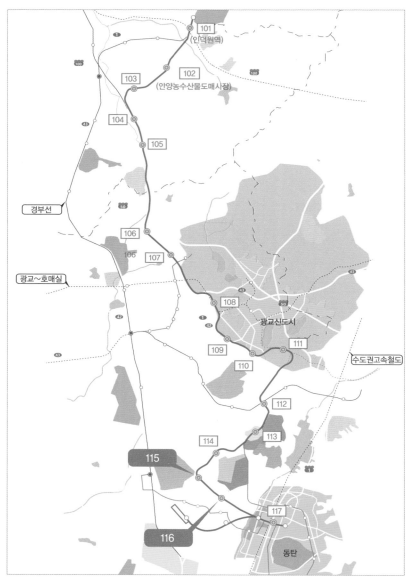

출처: 국토교통부

참고로 신수원선은 당초 2019년 말에 착공예정이었으나, 구체적인 기본계획수립 및 민간사업자 선정 등의 작업이 늦어지면서 현재는 2021년으로 착공 계획이 늦추어진 상태이다.

출처: 네이버지도

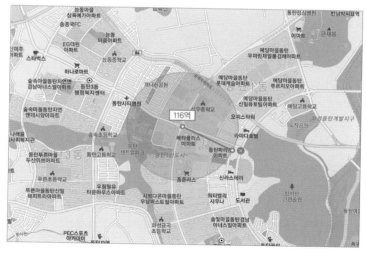

출처: 네이버지도

신수원선 115역의 경우 안화동마을주공7단지 바로 맞은편에 화성기산지구가 조성될 예정이다. 주택 공급물량은 약 1,600여 세대 정도이며 임대주택을 제외하면 일반분양은 그다지 많지 않은 편이어서 화성기산지구의 공급물량이 신수원선 115역 주변 아파트 시세에 악영향을 줄 것 같지는 않다. 그보다는 오히려 주변 인프라 확충으로 긍정적인 영향을 줄 것으로 예상한다.

더욱이 2020년 2월 20일부로 수원 전체가 조정대상지역으로 지정된 것처럼 신수원선 115역 주변 역시 풍선효과로 단기간에 시세가 급상승할 가능성이 있으며, 투자 자금이 적다는 장점을 안고 이 추세는 한동안 이어질 것으로 보인다. 최근 단기간 시세 급등으로 이 일대가 조정대상지역으로 지정 되었지만, 여전히 상승 여력은 충분하다.

신수원선 자체는 서울에서 파생되는 노선도 아니고 개통되더라도 서울 강남권으로 접근하는 데 1시간 이상 소요되므로 미래가치를 크게 부여하지 않는다.

그러나 신수원선 115, 116역이 GTX-A 노선 동탄역과 수분 내로 환승이 가능하다는 측면에서 보면 이야기가 달라진다. 신수원선 115, 116역 주변 아파트는 신수원선과 동탄역 GTX-A 노선이 연결되는 시기가 가까워올수록 가치가 더욱 높아질 것이다.

공식적인 일정은 2023년 GTX-A 노선이 먼저 개통되고 3년 후 신수원선이 준공되어 동탄역과 연결될 예정이므로, 결국 두 노선이 연결되는 시기는 신수원선이 개통되는 2026년 전후가 될 것으로 보인다. 투자할 의향이 있다면 향후 진행되는 공사일정을 꼼꼼히 체크해 보자.

개인적인 판단으로는 신수원선 115역 주변이 아파트 투자 실전 경험을 쌓기에는 그 어느 지역보다 여건이 좋다고 생각한다. 그 이유는 현 정부체제에서 아파트 시세에 영향을 줄 수 있는 요소의 거의 대부분이 혼재되어 있기 때문이다. 동탄2 신도시 사례를 통해 인근 대규모 공급물량이 주변 아파트 시세에 어떤 영향을 미치는지도 앞서 경험했고, 신설 역세권 개발이 진행되면서 주요 공사시점이 도래할 때마다 주변 아파트시세가 어떻게 변하는지도 알 수 있을 것이며, 규제지역에 둘러싸여 풍선효과가 생기면, 단기간에 시세가 어떻게 변하는지도 알 수 있을 것이다. 이 지역에 관심을 갖고 있거나 이미 아파트를 보유하고 있는 투자자라면, 괜찮은 투자수익을 얻는 것은 물론 많은 공부가 되리라 본다.

동탄2 신도시의 분양이 완료되어 본격적인 시세 회복세에 있는 지금부터 신수원선 착공예정시기인 2021년 초중반까지를 적절한 매입 시기로 보면 좋고, 설령 추후에 병점 일대가 조정대상지역으로 지정된다고 하더라도, 신수원선과 GTX-A 동탄역이 직접 연결되는 시기까지는 완만한 상승세가 이어질 것이므로, 각자가 목표로 하는 수익률을 기준으로 매도시기를 탄력적으로 정하는 것이 좋을 것이다.

대곡역 인근

다른 곳은 거의 다 GTX-A 노선이 들어오면서 기존 아파트의 가치가 상승하는 경우이지만, 대곡역 인근은 그동안 그린벨트로 묶여 있다가 최근 역세권 개발이 활발히 진행 중이므로 신축 아파트의 이점도 함께 가져갈 수 있을 것으로 보인다.

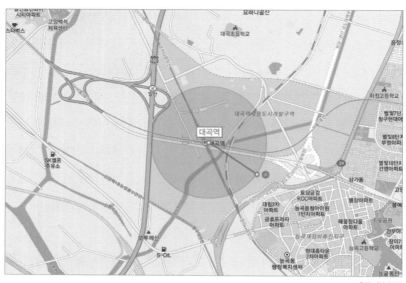

다만 최근 역세권 개발은 역사를 중심으로 초역세권 범위 내에는 상업
지역과 공원을 배치하고, 그 배후에 아파트가 들어설 주거지역을 배치하
는 형태로 계획하기 때문에 초역세권 범위 내에는 아파트가 위치하지 않
는다는 것을 참고로 알아둘 필요가 있다.

실제로 대곡역 역세권 개발계획 도면을 보면 이러한 형태로 개발이 진
행되고 있음을 알 수 있다.

■ 대곡역 역세권 개발 계획도면

이런 특수성을 감안해서 대곡역 주변의 신축 아파트에 청약해 보는 것도 좋은 투자가 될 것이다. 전세나 월세로 시작한 신혼부부라면 신혼부부 특별공급에 청약을 넣어보는 것도 내 집 마련과 동시에 시세상승을 경험할 수 있는 기회가 될 것으로 보인다.

신혼부부 특별공급을 포함한 전체 일반분양 일정은 각 건설사 홈페이지를 통해 확인할 수 있다. 모델하우스 오픈 날짜는 미리 정해진 날짜 보다 뒤로 미뤄지는 경우가 빈번하므로, 수시로 일정을 체크해서 적절히 대응하는 것이 좋다.

인천시청, 평내호평이 수혜 받을
GTX-B 노선

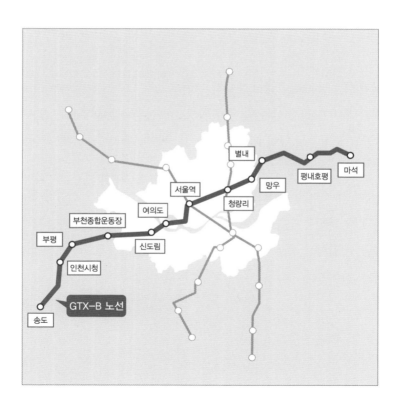

사업 현황 및 계획

GTX-B 노선은 사업 추진 속도가 GTX 3개 노선 중 가장 느리다. 2014년 인천 송도에서 서울역을 거쳐 청량리까지 이어지는 노선으로 예비타당성 조사를 신청했지만 B/C값이 0.33이어서 사업타당성을 이끌어 내지 못했다. 결국 송도-부평-신도림-서울역-청량리-별내-평내호평-마석으로 노선을 수정하고 3기 신도시 왕숙지구를 반영한 끝에 2019년 8월 예비타당성 조사를 통과했다.

계획대로라면 2022년 말에 총 80.1km의 대규모 사업으로 착공한다. GTX-B 노선 역시 지하 40m 이상 깊이에 직선 철도를 건설하고, GTX-A 와 비슷한 수준의 최고속도와 평균속도로 운행된다.

개통 이점

GTX-B 노선을 이용할 경우 송도에서 서울역 구간은 현재 약 80분에서 27분으로, 평내호평에서 서울역 구간은 약 85분에서 25분으로, 마석에서 서울역 구간은 약 90분에서 30분으로 각각 빨라질 것으로 예상된다.

호재가 예상되는 지역

본격적인 공사가 진행되면 그동안 서울 접근성이 가장 아쉬웠던 인천 송도 주변 아파트 시세상승에 많은 영향을 줄 것이다. 그리고 기존에 경춘선이 있음에도 배차 간격이 평소에는 20분 이상, 출퇴근 시간에도 5분 이상에 서울 주요지역 어디를 가더라도 최소 1시간 이상에서 길게는 2시간가량 소요된다는 점, 다른 노선으로 환승 없이는 서울 중심으로 진입이 불가능하다는 점 때문에 그동안 별다른 시세상승을 경험하지 못하던 평내호평역, 마석역 그리고 반대쪽으로는 인천시청역 등이 혜택을 받을 것으로 보인다.

송도의 인천대입구역 인근

송도역 예정지로 꼽히는 인천대입구역 인근은 GTX-B 노선 특징을 감안하면 투자 관점에서 조금 아쉬움이 남는다.

GTX-B 노선은 A와 C 노선과 달리 서울의 중심업무시설이 집중되어 있는 강남으로 직접 연결되지 않고, 서울에 진입한 뒤 별도의 노선으로 환승해서 결코 적지 않은 시간을 다시 이동해야 하는 것이 가장 큰 단점이다.

그럼에도 불구하고 GTX-B 노선을 투자가치가 있다고 보는 이유는 각 정차역 주변 아파트가 대부분 높은 전세가율과 전반적으로 저렴한 시세를 형성하고 있어 적은 금액으로도 투자가 가능하기 때문이다.

■ GTX-B 노선 주요 아파트와 다른 노선 주요 아파트의 갭차이 비교

단위: 만원

	A아파트	B아파트	C아파트	D아파트	E아파트	F아파트(송도)
해당 노선	GTX-B	GTX-B	GTX-A	GTX-C	별내선	GTX-B
매매가/m²	286	284	422	407	369	577
전세가/m²	239	228	227	251	237	289
갭차이	5,000	6,000	17,500	13,500	13,000	25,500

출처: 다음부동산(2019년 말 기준)

위 표에서 GTX-B 노선 아파트들의 투자자금이 압도적으로 적은 것을 알 수 있다. 이렇듯 다른 GTX 노선에 비해 강남 접근성은 떨어지지만 전세가율이 높은 곳이 많아 투자자금이 적게 든다는 것이 GTX-B 노선의 장점이다. 그러므로 송도처럼 전세가율이 낮고 많은 투자자금이 필요하다면, 굳이 송도를 고집하기보다는 동일한 투자자금 대비 다른 노선으로 눈을 돌리는 것이 더 효율적일 것이다.

단, 이 책에서는 평범한 서민들이 큰돈 없이도 충분히 미래가치가 있는 아파트를 찾는 것이 목표이기 때문에 GTX-B 노선의 다른 지역 아파트에 주목하는 것이 효율적이라는 것이지, 단순히 송도에 투자가치가 없다고 주장하는 것이 아님을 분명히 밝힌다.

평내호평역 인근

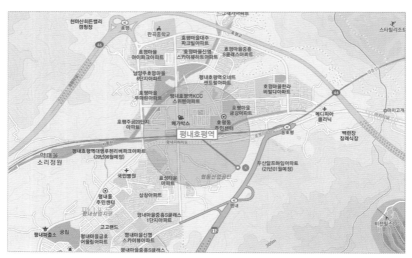

출처: 네이버지도

평내호평역을 중심으로 남북에 위치한 평내동과 호평동에는 현재 많은 인구가 거주하며, 생활 편의시설도 풍부하게 갖추고 있다. 그럼에도 불구하고 서울 접근성이 떨어진다는 단점과 평내동 일대의 대규모 아파트 공급으로 인해 최근 몇 년간 시세상승을 경험하지 못했다.

평내호평역을 중심으로 호평동과 평내동에 아파트가 고르게 분포되어 있는데, 특히 평내동 쪽 역세권 범위 내에 많은 세대의 신축 아파트가 분양권 전매제한이 해제되어 자유롭게 거래되고 있다.

더욱이 평내호평역 역세권 범위 내 기존 아파트 단지들이 대부분 80% 이상의 높은 전세가율을 형성하고 있다는 점도 눈여겨볼 만하다.

평내호평역 인근의 대규모 공급은 기존 구도심을 철거하고 새롭게 아파트와 기반시설을 공급하는 형태가 아니므로, 이주 및 철거로 인한 일시적 전세수요 집중과는 거리가 멀어서 전세가율이 급락할 가능성이 낮다는 점도 장점이다.

현재 서울을 비롯한 수도권 대부분이 전세가율 50%를 조금 넘는 수준인 것을 감안하면, 적은 투자금액으로 아파트를 매입할 수 있는 좋은 조건이 형성되어 있다. 평내호평역 주변 아파트는 2020년 초 기준으로 각종 수수료와 취득세를 포함해서 7,000만원 정도면 여유 있게 매입할 수 있다.

이 책을 집필 중인 시점 기준으로 GTX-B 노선이 예비타당성 조사를 통과한 지 두 달여가 지났으나, 아직 집값에 별다른 움직임이 없는 상태이고 눈에 보일 만한 가격상승은 일어나지 않고 있다.

■ 평내호평역 인근 아파트 평균 매매시세와 전세시세

단위: 만원

	호평마을금강	KCC스위첸	호평마을아이파크
매매가/m²	301	446	279
전세가/m²	239	337	228
갭차이	5,000	11,000	5,000
준공년도	2004년	2017년	2004년
세대수	892세대	333세대	920세대

출처: 다음부동산(2020년 초 기준)

평내호평역 인근 아파트에 투자하려면 GTX-B 노선 착공시기를 기준으로 적절한 매입 시기를 판단해야 한다.

만약 예비타당성 조사 통과를 기준으로 매입에 나선다면 약간의 변수가 있을 수도 있기 때문이다. 통상 예비타당성 조사 통과 후 기본계획을 수립하는 기간 1년과 설계기간 2~3년이 소요되며, 이 기간이 예상보다 길어지면 예비타당성 조사 통과 호재로 그동안 상승했던 가격도 장기간 보합을 유지하거나 하락을 경험할 수도 있기 때문이다. 그럴 경우 투자자금이 장기적으로 묶여 낭패를 볼 수 있다.

만약 분양권을 투자 대상으로 삼는다면, 투자수요가 집중되어 프리미엄이 상승하기 시작하는 시점을 매입 기준점으로 삼아도 좋을 것이다.

투자수요가 집중되는 시기를 어떻게 알 수 있을까?

참고로 평소 눈여겨보던 지역에 투자수요가 집중되는 시기를 간접적으로 확인할 수 있는 팁을 하나 소개하고자 한다.

평소 눈여겨보던 지역에 투자수요가 집중되면 그 일대에는 매도자 우위시장이 형성된다. 거래가 활발하게 성사되려면 매물수와 수요가 적절히 공존해야 하는데, 매도자 우위시장이 형성되면 아파트 투자수요는 늘어나는 반면 아파트 가격이 계속 오를 것을 염려한 매도자들은 그동안 내놓았던 매물을 다시 거둬들인다.

포털사이트에 평소 눈여겨보던 아파트 이름을 검색하면 매매, 전세, 월세 순으로 현재 접수된 매물들이 보이는데, 그중 매매 접수건수가 어느 순간 절반 수준으로 눈에 띄게 감소하는 시기가 있다.

이때를 매도자 우위시장, 즉 투자수요가 집중되기 시작하는 시기로 짐작할 수 있다. 추가로 주변 아파트 단지 2~3곳도 비슷한 추세라면 그 판단은 더욱 확실해진다고 볼 수 있다.

여기서 주의할 점은 접수된 매물현황이 아파트 실거래가처럼 시간이 지나도 언제든 조회가 가능한 누적 데이터가 아니라는 점이다. 그 순간이 지나가면 다시는 당시 매물 접수건수를 확인할 수 없다. 따라서 접수 매물 현황을 활용한 매도자우위시장을 확인하는 방법으로 최대의 효과를 거두기 위해서는, 한 아파트에 관심을 가진 순간부터 시간이 허락하는 한 수시로 부동산 관련 포털사이트에 접속하여 반복적으로 확인하는 성의가 필요하다.

이미 보유 중이라면 적절한 매도시기는 언제?

평내호평역 일대에 아파트를 이미 보유 중이라면 가까운 미래에는 눈에 보일 만한 시세상승이 없을 것이므로, 성급하게 매도하기보다는 장기전에 돌입할 준비를 하는 것이 바람직하다.

공식적인 GTX-B 노선의 예상 준공 시기는 2025년으로 잡혀 있지만 이 일정대로 준공될 가능성은 매우 희박하다.

우리가 자주 이용하는 일반 도시철도도 착공부터 준공까지 평균 5년여의 공사기간이 소요되는데, GTX는 속도를 높이기 위해 더 깊이 땅을 파야 하고 더 긴 구간을 공사해야 하므로 더욱 복잡한 공법과 더 많은 시간이 필요하다.

설령 일반 도시철도와 공사기간이 비슷하다고 하더라도, 2022년 말 GTX-B 노선 공사에 착공한다면 적어도 2028년은 되어야 비로소 준공을 기대할 수 있다는 계산이 나온다.

이미 평내호평역 일대에 아파트를 보유 중이라면, 현 시점부터 앞으로 최장 7년 이상 보유한다는 생각으로 주요 공사 진행 상황을 고려해서 자신만의 매도시기를 정하는 것이 좋다.

만약 스스로 판단이 서지 않는다면 인근 중개사무소에 현재 분위기가 어떤지 물어보고, 그 결과를 취합해 판단근거로 활용하는 것도 매우 유용할 것이다. 이때 최소 3군데 이상 의견을 들어본다. 믿을 수 있는 중개사무소 선별 기준은 6부에 설명해 두었으니 참고하기 바란다.

마석역 인근

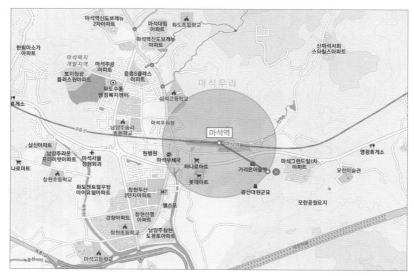

출처: 네이버지도

마석역 인근은 투자 관점에서 볼 때 좀 애매하다. 마석주공아파트나 마석힐즈파크푸르지오처럼 신축과 구축 아파트가 혼재되어 있는 기존 주거지역이 마석역과 상당한 거리를 두고 형성되어 있고, 지리적 특징을 보더라도 마석역 역세권 범위 내에는 어느 정도 세대수를 갖춘 신축 아파트가 들어설 공간이 없기 때문이다.

인근 대부분의 아파트들은 직선거리로 1km 이상 떨어져 있어 별도의 버스노선을 이용하지 않으면 마석역으로 접근이 힘든 상태이다. 마석역은 인근에 천마산 군립공원, 흥선대원군묘, 시인 조지훈묘, 남양주 납골당 등이 있어서 대규모 개발이 어렵다. 이는 마석역과 주변 주거지역이 현재와 같은 형태를 이루게 된 원인으로 추측된다.

GTX-B 노선 신설은 마석역에 분명한 호재이지만, 마석역과 인근 주거지역의 특이한 구조 때문에 막상 GTX가 개통되어도 이용하기에는 상당한 불편함이 있을 것이며, 추후에도 아파트 가격상승을 크게 이끌지는 못할 것으로 본다.

만약 현재 마석역 주변에 분양 중인 아파트를 투자대상으로 염두에 두고 있다면 역과의 거리를 유념해야 할 필요가 있다. 개인적으로는 마석역 인근 아파트는 가급적 투자보다는 실거주 목적으로만 접근했으면 좋겠다는 생각이다. 아래는 마석역 인근 아파트의 시세를 정리해 본 것이다.

■ 마석역 인근 아파트 평균 매매시세와 전세시세

단위: 만원

	신명스카이뷰그린	남양주마석힐즈파크푸르지오
매매가/m²	236	291
전세가/m²	195	222
갭차이	4,500	6,000
준공년도	2005년	2018년
세대수	657세대	620세대

출처: 다음부동산(2020년 초 기준)

인천시청역 인근

출처: 네이버지도

인천시청역 쪽은 이미 인천지하철 1, 2호선 더블역세권의 이점을 누리고는 있지만, 서울과 바로 연결되는 노선이 없어 최근 몇 년간 뚜렷한 시세 상승을 경험하지 못했다.

향후 GTX-B 노선이 개통되더라도 강남으로 접근하기 위해서는 별도의 환승이 필요하다는 점에서 어느 정도 한계는 분명히 존재한다. 그러나 인천시청역 인근 역세권 아파트 또한 전세가율이 75~80% 수준으로 높게 형성되어 있다는 점, 서울 접근성이 향후 크게 개선될 거라는 점에서 투자 목적으로 아파트를 매입하기에 좋은 조건이 형성되어 있다고 판단된다.

인천시청역 인근 아파트는 2020년 초 기준으로 각종 수수료와 취득세를 포함해서 1억 미만이면 여유 있게 매입할 수 있다.

단위: 만원

	현대홈타운	어울림마을
매매가/m²	296	330
전세가/m²	227	242
갭차이	6,500 ～ 7,500	6,500 ～ 10,000
준공년도	2003년	2005년
세대수	649세대	1,733세대

출처: 다음부동산(2020년 초 기준)

GTX-B 노선 개발호재가 가치상승을 추가로 견인할 것이므로, 전체적인 공사 진행 상황을 면밀히 체크해서 접근하는 것이 바람직하다.

인천시청역 주변에는 재개발 사업도 활발히 진행 중이다. 인천시청역 주변의 8개 재개발 구역은 일부 구역을 제외하고는 인천시청역과는 대부분 상당히 떨어져 있지만, 모두 기존 인천지하철로 1정거장만 이동하면 쉽게 GTX로 환승할 수 있다.

여기서 중요한 것은 재개발 구역 신규 아파트들이 향후 GTX-B 노선 개발의 수혜를 받을 것은 당연하지만, 이미 인천시청역 역세권 범위 내에 있는 기존 역세권 아파트들도 투자대상으로 삼기에 충분하다는 것이다. 현대홈타운 649세대, 어울림마을 1,733세대, 간석래미안자이 2,432세대, 구월힐스테이트롯데캐슬 5,076세대 등 이미 1만 세대 이상이 인천시청역 주변에 고르게 분포해 있어 충분한 투자대상이 되리라 본다.

더욱이 인천시청역 주변에 재개발 사업을 통해 약 1만 3,000여 세대가 신규 공급될 예정이나, 일반분양 세대가 많지 않아 인천시청역 기존 역세권 아파트 시세에 큰 영향을 미치지는 않을 것으로 보인다. 실제로 8개 재개발 구역 일반분양 세대수는 전체 공급세대의 30%대에 불과하다. 대신 재개발 사업이 진행될수록 인천시청역 주변의 기존 아파트로 전세수요가 집중될 가능성이 있다. 대부분의 사업구역에서 본격적인 이주 및 철거에 들어가면 인천시청역 주변 아파트에 전세수요가 집중되어 전세가율 상승을 견인할 것이며, 이러한 추세는 입주 전까지 이어질 것이다. 전세가율 상승은 곧 적은 자금으로 투자하기에 더 좋은 환경이 만들어진다는 의미이므로 투자자에게는 절호의 기회가 될 수 있다.

인천은 특별한 규제를 적용받지 않아 대출이나 양도소득세 중과세에서 자유롭다는 점도 또 하나의 장점이다. 따라서 GTX-B 노선 착공시기와 맞물려 투자수요가 집중될 가능성이 있다. 그러나 비록 GTX-B 노선이 예비타당성 조사를 통과했다고 할지라도, 앞서 평내호평역 인근과 같은 이유로 지금 투자에 착수하기에는 조금 이르다고 본다.

이미 인천시청역 역세권 내에 아파트를 보유 중이라면, 다른 GTX-B 노선 주요 지역과 마찬가지로 가까운 미래에 큰 시세 상승은 없을 것이므로 투자기간을 GTX-B 노선 준공시기까지 길게 보는 것이 좋다.

주요 공사 진행 상황을 고려해서 자신만의 매도시기를 정하되, 판단근거로 활용하기 위한 정보수집 방법은 평내호평역 인근 분석 내용의 마지막 부분(123쪽 참조)을 참고하기 바란다.

다만 보유기간 중 주변 재개발 사업이 완료되어 본격적인 입주가 시작되면, 일시적으로 전세가가 하락해 추가 투자자금이 필요할 수 있다는 것을 염두에 두자. 아예 재개발 구역 신축 아파트의 본격적인 입주가 시작되기 직전에 적극적으로 매도하는 것도 괜찮다.

15

수원에서 덕정까지
GTX-C 노선

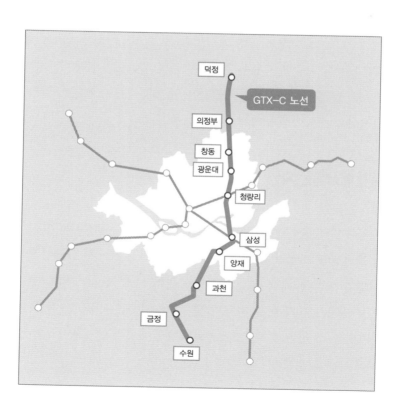

사업 현황 및 계획

GTX-C 노선은 예상 사업추진 속도에 맞춰 진행된다면 2021년 말쯤 착공될 예정이다. 2016년부터 수원에서 금정, 과천, 삼성역을 거쳐 의정부, 양주 덕정으로 이어지는 노선으로 예비타당성 조사를 신청해서 B/C값 1.36을 받았고, 2018년 말 사업성을 인정받았다. 총 길이는 74.2km이다.

GTX-C 노선 역시 철도를 건설하는 방식 및 최고속도와 평균속도가 다른 GTX 노선과 비슷할 것으로 보인다.

개통 이점

GTX-C 노선을 이용할 경우 수원역에서 삼성역 구간은 현재 약 78분에서 22분으로, 의정부역에서 삼성역 구간은 약 74분에서 16분으로, 덕정역에서 삼성역 구간은 약 80분에서 23분으로 빨라진다.

호재가 예상되는 지역

GTX-C 노선이 개통되면 그동안 다양한 접근 루트를 가지고도 서울 접근성이 좋지 못했던 수원역, 이미 더블역세권이지만 역시 서울 중심지 진입에 상당한 시간이 소요되었던 금정역 주변이 시세상승의 탄력을 받을 것으로 보인다. 그러나 이들 지역보다는 현재 일반 도시철도는 물론, 서울 중심지로 올 수 있는 광역버스조차 제대로 갖추지 못한 의정부나 양주 덕정 쪽이 가장 큰 수혜를 받을 것으로 판단된다.

수원역 인근

수원역은 오래전부터 서울지하철 1호선이 개통되어 운행되고 있고, 지난 2013년에는 분당선이 연결되어 운행되고 있으며, 지상으로도 수많은 광역버스 및 일반버스 노선이 서울과 경기도 주요지역을 연결하는 교통의 요충지이다. 최근 들어 상대적으로 낙후되어 있던 수원역 바로 뒤 서둔동 일대에 제2역세권 개발이 활발하게 진행되면서 주변 환경이 더욱 좋아졌다.

그럼에도 불구하고 GTX-C 노선 발표 전까지 수원역 주변 아파트 시세에 큰 폭의 상승이 없었던 것은 수많은 교통망이 존재하지만 어느 교통수단을 이용하더라도 서울 강남까지 1시간 이상 소요된다는 점 때문이었다.

이런 관점에서 GTX-C 노선은 수원역의 고질적인 단점을 해결해 줄 대형 개발호재라고 볼 수 있다. 그동안 큰 상승이 없었던 수원역 주변 아파트는 GTX-C 노선 예비타당성 조사 통과 소식과 더불어 큰 폭의 시세상승을 이미 경험했다. 따라서 수원역 주변 아파트에 관심 있는 투자자라면 수원역 인근의 다른 개발호재보다는 GTX-C 노선 공사 진행상황에 초점을 맞춰 투자시기를 조율하는 것이 바람직하다.

2019년 말에는 수원역 역세권 아파트의 전세가율이 70%대여서 투자자금 마련에 대한 부담이 크지 않은 편이었다.

하지만 아래 그래프의 시세변동추이를 보면, 분당선이 수원역과 연결되었던 2013년 말보다 GTX-C 노선 예타비타당성 조사 통과 시점인 2018년 말에 훨씬 큰 폭으로 가격이 상승한 것을 알 수 있고, 2020년 1~2월에도 또다시 큰 폭으로 상승했음을 알 수 있다.

■ **수원역 역세권 A아파트 시세상승추이**

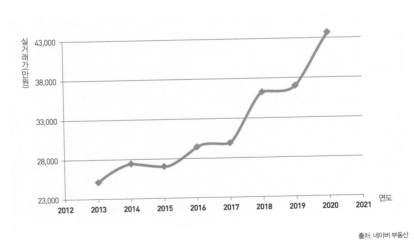

출처: 네이버 부동산

분당선이 수원역과 연결되던 시점보다 GTX-C 노선 예비타당성조사 통과 시점에 더 큰 폭의 시세상승을 경험한 것으로 보아, 수원역 주변 다른 개발호재보다 GTX-C 노선 개통호재가 주변 아파트 시세에 더 큰 영향을 미친다고 해석할 수 있다.

따라서 수원역 주변에서 진행되고 있는 생활 인프라 구축, 신분당선 광교~호매실 연장공사 진행, 대규모 신규아파트 공급과 같은 여타 개발 진행상황보다는 기존 교통망에 비해 서울 접근시간을 절반 이하로 줄여 줄 GTX-C 노선의 공사 진행상황에 맞춰 매입 및 매도시기를 결정해야 한다.

그리고 최근에 있었던 큰 폭의 상승은 수원 팔달구부터 나타난 12·16 대책의 풍선효과가 수원 전체로 퍼진 것이고, 신분당선 광교~호매실 연장 노선의 예비타당성조사 통과 소식과 맞물려 생긴 결과이다. 수원역 인근은 최근 몇 개월 사이에 아파트 매매시세는 급등한 반면, 전세시세는 거의 오르지 않아 투자자금에 대한 부담이 커진 상태이다.

2020년 2월 20일부로 수원 전체가 조정대상지역으로 지정됨에 따라, 당장 대출규제로 자금 조달이 원활하지 못해 수원역 인근 아파트의 시세상승폭은 시간이 흐를수록 조금씩 둔화 될 것이다. 그러나 적어도 GTX-C 노선이 준공될 때까지는 완만한 상승세가 계속 이어질 것으로 판단된다.

이 책에서 소개한 다른 지역과는 달리 수원역 인근은 이 책을 집필하고 있는 사이에도 시세가 급변하고 있다. 수원역 주변 아파트를 관심 있게 보는 투자자라면 현재 수원역 인근 아파트에 투자하려면 1억 6,000만원~2억원 정도가 필요한 상황이라 투자자금에 대한 부담은 조금 커진 상태라는 것을 참고할 필요가 있다.

GTX-C 노선 착공을 목전에 두고 있는 지금부터 실제 착공시점까지를 적절한 매입시기로 생각하고 접근하면 좋을 것으로 본다.

▪ 수원역 인근 아파트 평균 매매시세와 전세시세

단위: 만원

	센트라우스	대한대우	평동동남
매매가/m²	523	361	342
전세가/m²	259	214	194
갭차이	19,000 ~ 23,000	16,000 ~ 18,500	16,000
준공년도	2005년	1999년	1999년
세대수	1,094세대	1,293세대	489세대

출처: 다음부동산(2020년 초 기준)

의정부역 인근

출처: 네이버지도

의정부역은 기존 생활편의시설이 잘 형성되어 있음에도 불구하고, 의정부역에서 도보로 이동할 수 있는 거리 내에 딱히 눈여겨볼 만한 아파트가 없다. 대신 얼마 전 일반분양한 의정부 중앙2구역 주택재개발 정비사업구역을 주목할 필요가 있다.

■ 의정부역 중앙2구역 위치

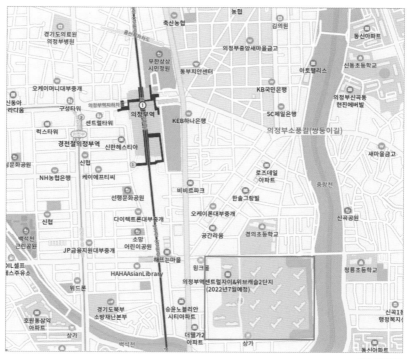

출처: 네이버지도

의정부역 인근은 입주 후에도 생활 편의시설이 갖추어지기 전까지 한동안 불편을 감수해야 하는 신설 역세권 개발과는 달리 준공과 동시에 백화점, 대형마트, 학원, 병원 등 기존 상권의 편리함을 그대로 누릴 수 있는 장점이 있다. 중앙2구역에 신축될 아파트의 준공시기와 GTX-C 노선의 개통시기 간격이 크지 않다는 점에서 중앙2구역 분양권을 매입하고 입주시기에 맞춰 전세임대를 주어 결과적으로는 갭투자 형태로 만드는 것도 좋은 투자방법이 될 것이다.

일단 계약금과 중도금 그리고 그동안 형성된 프리미엄만으로 분양권을 승계 받고, 잔금과 등기를 마무리하지 않은 상태에서 준공시기에 맞춰서 인근 중개사무소에 전세임대매물로 내놓는다. 전세계약이 체결되는 대로 세입자로부터 전세금을 받아서 그 돈으로 잔금을 내고 등기를 마침으로써 준공된 아파트를 완전한 내 소유로 만든다.

아파트가 완전히 투자자 소유가 되면, 분양사무소로부터 최초로 입주할 수 있는 열쇠를 받을 수 있는데, 이 열쇠를 세입자에게 주고 세입자가 입주하면 모든 절차가 마무리된다.

개인이 이런 일련의 과정들을 혼자서 하기에는 다소 무리가 따른다. 아파트 분양권을 전문으로 취급하는 인근 중개사무소에 가서 대략 상황을 설명하면 원하는 형태로 보유할 수 있도록 어렵지 않게 중개해 줄 것이다.

더욱이 의정부는 조정대상지역이지만 중앙2구역을 비롯해 분양권 거래가 가능한 단지들이 있다. 비록 많은 프리미엄이 붙어 거래되고 있지만, 의정부역 역세권 내 단지들은 여전히 매력적이다. 다만 조정대상지역 지정으로 분양 초기에 비해 중도금 대출 한도가 줄어든다. 주택 1채 이상 보유한 투자자는 자금조달에 대한 대비가 필요하다.

덕정역 인근

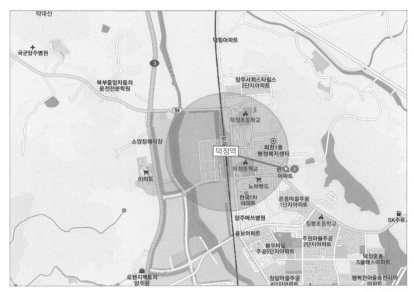

출처: 네이버지도

덕정역 역세권 역시 서울 접근성이 떨어진다는 이유로 1호선 덕정역이 있음에도 불구하고, 과거 몇 년간 큰 시세상승이 없었던 곳이다.

덕정역 역세권 아파트는 아직 개발호재의 영향이 크게 미치지 않아 전체적으로 시세가 저렴한 편이다. 그러나 양주에서는 나름 번화한 상권을 형성하고 있고, 이미 주변으로 택지개발이 계획되어 있어서 시간이 흐를수록 덕정역 일대를 중심으로 유동인구의 증가가 예상된다.

덕정역 역세권 아파트는 대부분 70%대의 전세가율을 형성하고 있고 매매시세가 전체적으로 저렴해, 1억원 미만의 적은 투자자금으로 매입하기 좋은 여건이 형성되어 있다.

덕정역 역세권 아파트에 투자하려면 GTX-C 노선 착공시기에 맞춰 매입 시기를 결정하는 것이 좋아 보인다. 가까운 시일 내에 큰 시세상승은 없을 것이므로, 이미 덕정역 인근 아파트를 보유 중이라면 성급하게 매도하기보다는 시간 여유를 갖고 매도시기를 정하는 것이 바람직하다.

GTX-C 노선은 2020년까지 기본계획 수립 및 민간사업자 선정 후에 2021년 본격적으로 착공해서 2027년에 개통하는 것을 목표로 한다.

비록 기존 1호선을 비롯해 7호선이 새롭게 연장될 예정이기는 하지만, 교통 편의가 크게 개선되지는 않을 것이라는 전망이 우세하기 때문에 GTX-C 노선은 의정부역과 덕정역 주변 아파트 가격 상승에 결정적인 영향을 줄 유일한 개발호재라고 볼 수 있다.

따라서 GTX-C 노선의 공사 착공 및 진행 상황을 면밀히 체크하여 투자 계획을 잡는 것이 무엇보다도 중요하다.

4부

아파트 가치를 높이는
세부요소 5가지

아파트의 가치를 높이는 핵심 요소인 교통망, 신설 철도망을 통해 투자할 곳을 정했다면, 이제 좀 더 세부적으로 들어가 그 지역에서 최종적으로 매입할 아파트 단지를 선택해야 한다.

4부에서는 세대수는 최소한 얼마나 되어야 하는지, 신설 역사에서부터 거리는 얼마나 되어야 하는지, 전용면적은 어느 정도가 좋은지, 건설사의 이름 값이 정말 중요한지, 주변 공급물량과 아파트 시세는 어떤 관계가 있는지 등을 토대로 최종적으로 투자할 아파트를 선별하는 방법을 알아본다. 이렇게 요령을 쌓을수록 시세가 오르는 아파트가 훨씬 눈에 잘 들어온다는 것을 깨닫게 될 것이다.

세대수, 역까지의 거리, 전용면적 등은 아파트의 가치를 평가할 때 그동안 자주 언급돼온 요소들이다. 여기서는 신설 철도 개발 진행 상황과 결부하여 최소한 어느 정도의 조건을 갖추어야 개발호재에 민감하게 반응하는지 그 상관관계를 통계자료로 확인하고, 정확한 기준을 제시하고자 한다.

또한 흔히 아파트 가치를 판단하는 핵심요소 중 하나로 학군을 꼽지만, 이 책에서는 신설 철도망이라는 교통개발호재에 중점을 두므로 학군에 대한 언급은 배제했다.

참고로 교통개발호재와 학군은 서로 독립적인 개념이다. 실제로 많은 부동산 관련 책들을 살펴보아도 철도망이 중심인 책에서는 학군을 구체적으로 언급하지 않으며, 학군이 중심인 책에서는 철도망에 대해 구체적으로 언급하지 않는 것이 좋은 예라고 할 수 있다.

16 역세권

신설 역사까지 도보거리는 얼마 이내가 좋을까?

역에서 집까지 도보거리, 아파트 가격에 얼마나 영향을 미칠까?

실거주 목적 혹은 투자 목적으로 매입을 고려하는 아파트가 전철역과 가까우면 많은 이점이 있다. 누구나 역사와 조금이라도 더 가까운 아파트를 선호한다. 반면 날씨가 무더운 여름이나 추운 겨울에 걸어서 이동하는 데 지장이 있을 정도로 멀리 떨어져 있거나, 마을버스로 환승해야 하는 아파트라면 사람들의 선호도는 상대적으로 낮아질 수밖에 없다.

그렇다면 실제로도 신설 역사와의 거리가 아파트 시세변동에 영향을 미칠까? 영향을 받는다면 어디까지를 한계선으로 봐야 할까?

다음은 서울 중심지 접근성이 개선될 도시철도 연장선의 신설 예정 역세권 인근에서 세대수가 500세대 이상인 8개 아파트 단지의 과거 7년간 시세변동추이를 비교한 것이다. 저층 및 최고층 그리고 4층을 제외한 기준층의 매년 특정 달의 실거래가를 통계에 반영하였다.

표준편차를 줄이기 위해 가급적 3건 이상의 거래사례를 통계에 반영하고자 했으나, 부득이하게 거래사례가 3건에 미달하는 경우에는 해당 월에 거래된 모든 거래사례를 반영하였다.

분석 대상 신설 예정 역세권은 최소한 예비타당성 조사를 통과하여 사업의 불확실성이 완전히 사라진 곳들을 대상으로 폭넓게 조사하였다.

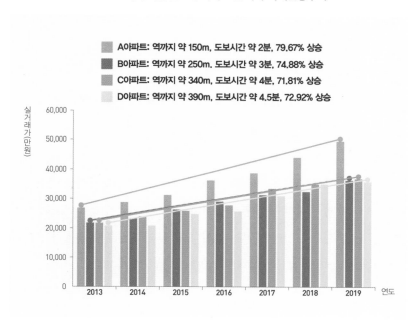

■ 500세대 이상인 8개 아파트 단지의 시세변동추이

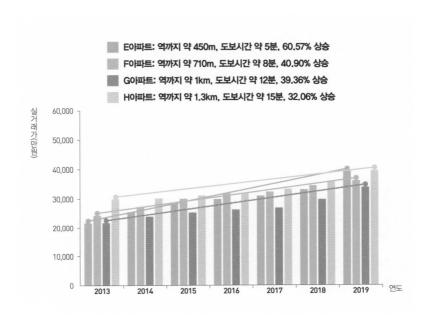

E아파트: 역까지 약 450m, 도보시간 약 5분, 60.57% 상승
F아파트: 역까지 약 710m, 도보시간 약 8분, 40.90% 상승
G아파트: 역까지 약 1km, 도보시간 약 12분, 39.36% 상승
H아파트: 역까지 약 1.3km, 도보시간 약 15분, 32.06% 상승

총 8개 아파트 단지들의 과거 7년간 시세변동추이를 살펴보면, 신설 역사로부터 도보거리가 가장 가까운(약 150m) A아파트는 79.67%, 도보거리가 가장 먼(약1.3km) H아파트는 32.06%의 시세상승률을 기록했다.

통계결과에서 미래가치가 큰 신설 역사에서 가까우면 가까울수록 시세상승률이 미세하게 점점 커지며, 결정적으로 신설 역사로부터 500m 이상 벗어나면 시세상승률이 큰 폭으로 감소하는 것을 알 수 있다. 신설 역사와 거리가 멀어질수록 개발호재에 대한 민감도가 떨어진다고 해석할 수 있다.

여기서 볼 수 있듯 아파트 단지와 신설 역사 간의 물리적 거리는 시세변동에 절대적인 영향을 미치는 요소이다. 실수요 목적도 마찬가지이지만 투자 목적으로 아파트를 매입하고자 한다면 신설 역사로부터 500m선까지가 한계선이라고 할 수 있다.

따라서 세대수만 어느 정도 갖추어져 있다면, 한계선 범위 내에서 매입할 후보 아파트를 선별하는 것이 바람직하다.

아파트 세대수는
최소한 얼마나 되어야 할까?

세대수는 아파트 가격 상승에 얼마나 영향을 미칠까?

흔히 아파트 세대수가 많으면 많을수록 좋고 소형 단지에 비해 장점이 많다고들 한다. 과연 그럴까?

세대수가 많으면 수요와 공급이 활발해서 거래량이 많다. 거래량이 많은 아파트는 실거래가의 표준편차가 적어서 객관적인 지표로 쉽게 활용할 수 있으며, 동일한 개발호재의 영향을 받는 범위 내에 있는 다른 아파트들의 시세를 주도한다.

그 외에 아파트 단지 내에 각종 편의시설들을 갖추고 있고 관리비도 훨씬 적게 나오는 등 생활편의 면에서도 장점이 많아 사람들이 소형 단지보다 더 선호하는 경향도 한몫한다.

그렇다면 과연 아파트의 세대수와 개발호재에 의한 가치상승은 어떤 상관관계가 있을까? 미래가치가 높은 신설 예정 역세권 주변 아파트들과 비역세권 아파트들의 시세변동추이를 보면 그 답을 찾을 수 있다.

다음은 서울 중심지 접근성이 개선될 도시철도 연장선의 한 예정 역세권 주변(500m 이내) 아파트 4개 단지와 역세권 범위 밖(500m 이상) 아파트 4개 단지, 총 8개 아파트 단지의 과거 7년간 시세변동추이를 비교한 것이다.

표준편차를 줄이기 위한 작업과 분석 대상의 선택은 역세권 도보거리 차이를 비교할 때와 동일한 방법으로 수행하였다. (144쪽 참고)

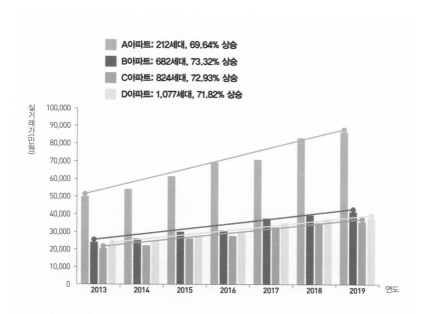

■ **신설 역사 반경 500m 이내인 4개 아파트 단지의 시세변동추이**

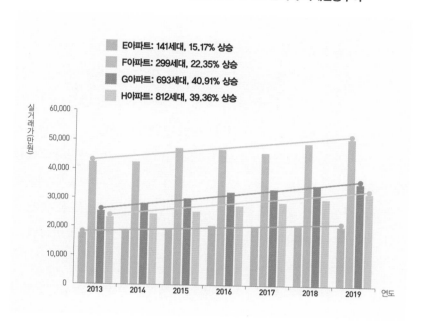

■ 신설 역사 반경 500m 이상인 4개 아파트 단지의 시세변동추이

E아파트: 141세대, 15.17% 상승
F아파트: 299세대, 22.35% 상승
G아파트: 693세대, 40.91% 상승
H아파트: 812세대, 39.36% 상승

실거래가(만원)

연도

신설 역사로부터 반경 500미터 이내에 위치한 아파트들의 과거 7년간 시세변동추이를 살펴보면, 최저 상승률 69.64%부터 최고 상승률 73.32%까지 세대수별로 편차가 크지 않은 것을 확인할 수 있다. 그러나 역세권 범위에서 벗어나면 양상이 달라진다.

신설 역사로부터 반경 500미터 이상 떨어진 곳에 위치한 아파트들의 과거 7년간 시세변동추이를 살펴보면, 최저 상승률 15.17%부터 최고 상승률 40.91%를 기록해 역세권을 벗어나면 세대수에 따라 주변 개발호재에 대한 민감도에 확연한 차이가 있음을 확인할 수 있었다.

특히 500세대 미만인 경우 예정 역세권의 인근 아파트 시세가 개발호재에 힘입어 상승할 때도 이와 같은 프리미엄을 누리지 못하며, 심지어

200세대 미만인 아파트는 통계를 내기 힘들 정도로 거래 사례마저 많지 않았다.

통계결과를 종합해 볼 때, 신설 역세권 범위 내에 들어오는 아파트라면 오래된 나 홀로 아파트가 아닌 이상 세대수와 상관없이 거의 비슷한 시세 상승률을 보였다. 그러나 역세권 범위에서 벗어나면 소형 단지 아파트는 투자 목적으로 매입하기에는 부적절하다는 결론이 나온다.

누군가는 1,000만~2,000만원 오른 것도 의미 있는 것이 아니냐고 반문할지 모르겠다. 하지만 연평균 물가상승률과 매수, 보유, 매도 단계에서 발생하는 각종 세금 및 대행 수수료 그리고 7년 동안 아파트를 유지 및 보수하는 데 들어간 비용까지 감안하면, 투자수익이 거의 없거나 미미한 수준이라고 봐도 무방할 것이다.

이런 이유에서 나는 역세권 범위 밖의 소형 단지 아파트는 개발호재의 영향을 거의 받지 못한다고 본다. 투자대상으로 선택할 아파트가 역세권 범위 내에 들어온다면 세대수가 크게 중요하지 않지만, 역세권 범위에서 벗어나 있다면 세대수가 확보되지 않는 한 개발호재의 수혜를 제대로 받기는 힘들다고 볼 수 있다.

따라서 투자대상 아파트를 고를 때는 역사로부터 한계선 500m를 넘지 않는 선에서 600세대 이상을 기준으로 삼아야 한다.

전용면적

세대수는 많은데
대부분 중대형이라면?

같은 역세권 범위 내라면 면적은 상관없을까?

부동산에 조금이라도 관심이 있는 사람이라면, 앞으로 시간이 흐를수록 소형 아파트가 더 각광받을 것이라는 이야기를 들어본 적이 있을 것이다.

실제로 1인 가구의 증가 및 저출산으로 인한 핵가족화, 베이비부머 세대의 은퇴와 자식들이 출가한 뒤 불필요해진 넓은 공간, 비싼 관리비의 부담 등으로 인해 중대형 아파트를 찾는 빈도가 줄어들고 있다.

이러한 추세를 반영하여 요즘 들어서는 신축 아파트들은 대부분의 세대를 전용면적 59~110m²(20~30평대)의 중소형으로 구성한다. 그렇다면 실제로도 수요가 상대적으로 적은 중대형 아파트가 소형 아파트에 비해 개발호재에 영향을 덜 받을까?

전용면적에 따른 개발호재에 대한 민감도를 비교해 보기 위해, 3개 지역의 신설 예정 역세권 주변 아파트 총 6개 단지의 과거 7년간 시세변동추이를 상호 비교해 보았다.

표준편차를 줄이기 위해 가급적 3건 이상의 거래 사례를 통계에 반영하고자 했으나, 부득이하게 거래 사례가 3건에 미달하는 경우에는 해당월에 거래된 모든 거래사례를 반영했다. 분석 대상이 되는 신설 예정 역세권은 최소한 예비타당성 조사를 통과하여 사업의 불확실성이 완전히 사라진 곳들을 대상으로 폭넓게 조사했다.

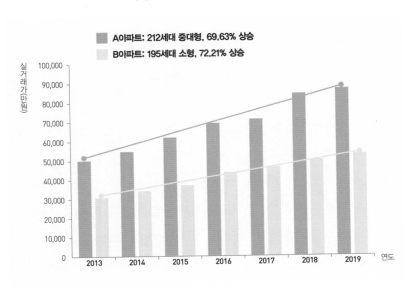

■ 1지역 2개 아파트 단지의 시세변동추이

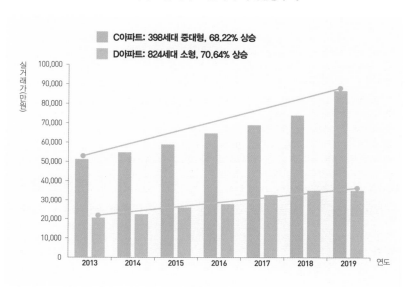

■ 2지역 2개 아파트 단지의 시세변동추이

C아파트: 398세대 중대형, 68.22% 상승
D아파트: 824세대 소형, 70.64% 상승

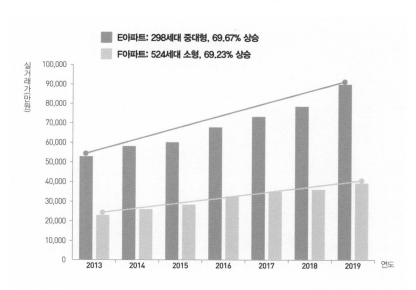

■ 3지역 2개 아파트 단지의 시세변동추이

E아파트: 298세대 중대형, 69.67% 상승
F아파트: 524세대 소형, 69.23% 상승

신설 예정 역세권 주변 아파트들을 상호 비교한 결과를 살펴보면, 전 세대가 중대형으로 구성된 1지역의 A아파트는 69.63%, 전 세대가 소형으로 구성된 B아파트는 72.21%의 시세변동률을 보였으며, 나머지 지역 아파트의 시세상승률도 큰 차이를 보이지 않았다.

동일한 개발호재의 영향권 내에 있다면, 전용면적에 따른 시세상승률 차이는 그리 크지 않다는 것을 알 수 있다.

다만 투자자 관점에서 가장 중요한 것은 내가 원하는 시점에 원하는 가격으로 매도하는 것이므로, 상대적으로 거래 빈도가 월등히 적은 중대형을 투자 대상으로 삼는 것은 아파트를 매입하기 전에 한번 더 생각해 볼 문제다.

건설사의 이름값,
정말 중요할까?

아파트 브랜드가 가격 상승에 얼마나 영향을 미칠까?

자이, 래미안, 힐스테이트 등등 우리나라에는 아파트가 많은 만큼 아파트 브랜드도 각양각색이다. 건설사들은 브랜드를 홍보하여 예비 입주자를 유치하기 위해 노력한다. 연예인이 화려하고 멋진 아파트에서 사는 모습을 광고로 만들어 이 아파트에 살면 당신도 그런 삶을 살 수 있다고 유혹한다. 그래서인지 아파트 브랜드에 따라 사람들의 선호도가 달라지는 것을 볼 수 있다.

종종 "당신이 가장 선호하는 아파트 브랜드는 무엇인가?"라는 제목의 설문조사 결과가 포털사이트에 올라오곤 한다. 거의 매년 꾸준히 설문조사가 진행되지만, 결과는 크게 다르지 않다.

■ 아파트 브랜드 선호도 조사 결과

	2014	2015	2016	2017	2018
1	삼성래미안	삼성래미안	삼성래미안	GS자이	GS자이
2	대림이편한세상	현대힐스테이트	현대힐스테이트	현대힐스테이트	삼성래미안
3	대우푸르지오	GS자이	포스코더샵	삼성래미안	롯데캐슬
4	GS자이	포스코더샵	GS자이	포스코더샵	대우푸르지오
5	포스코더샵	대림이편한세상	롯데캐슬	롯데캐슬	포스코더샵

출처: 부동산 114

상위권 내에서 작은 순위 변동이 있을 뿐, 이름만 들어도 바로 알 수 있는 삼성래미안, 현대힐스테이트, 대림이편한세상, GS자이, 대우푸르지오, 포스코더샵, 롯데캐슬 등의 1군 건설사가 갑자기 중위권 이하로 밀려나는 경우는 없다.

신규 아파트 분양시장에서도 1군 건설사 선호 현상은 뚜렷하게 나타난다. 신도시 조성 사업이나 재개발/재건축 사업을 통해 신규 아파트를 공급할 때도, 같은 사업구역 내에서도 1군 건설사와 일반 건설사는 청약경쟁률에서 많은 차이를 보인다.

1군 건설사는 조달청 시공능력평가에서 10위 이내에 든 건설사를 말한다. 다음 그래프는 부산진구 내 1군 건설사와 일반 건설사의 청약 경쟁률을 비교한 것이다.

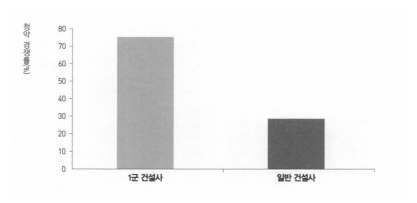

■ 부산진구 내 1군 건설사와 일반 건설사 청약경쟁률 비교

출처: 각 건설사 홈페이지(2019년 기준)

그렇다면 신규 분양시장에서 건설사 선호도에 차이가 나는 만큼, 매매 시장으로 전환된 뒤에도 건설사에 따라 개발호재가 미치는 영향에 차이가 있을까?

다음 장의 그래프는 서울 중심지로 접근성이 높아질 도시철도 연장선의 신설 예정 역세권 주변 아파트 중에서 1군 건설사와 일반 건설사가 지은 것을 각각 선택하여 과거 7년간 시세변동추이를 상호 비교한 것이다.

오로지 건설사의 선호도에 따른 차이를 알아보기 위해 같은 지역에서 역사와의 거리와 세대수가 거의 유사한 아파트를 선택하였다. 표준편차를 줄이기 위한 방법과 분석 대상 역세권 선택은 도보거리 차이를 비교할 때와 동일한 방법으로 수행하였다.

■ 1군 건설사와 일반 건설사가 지은 아파트의 시세변동추이

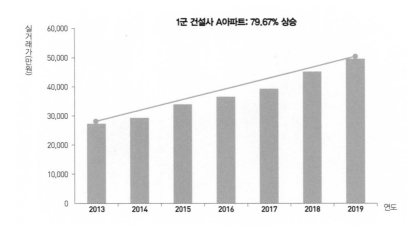

1군 건설사 A아파트: 79.67% 상승

실거래가(만원)

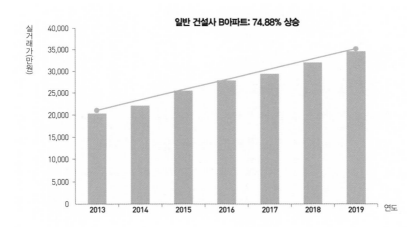

일반 건설사 B아파트: 74.88% 상승

실거래가(만원)

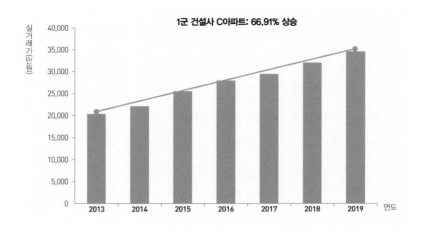

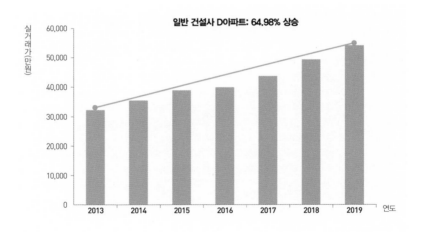

신설 역사로부터 도보거리와 세대수가 유사한 A와 B 두 아파트의 7년
간 시세변동추이를 보면, 1군 건설사 A아파트의 시세상승률이 79.67%이
고 일반 건설사 B아파트의 시세상승률이 74.88%로 두 아파트 간 시세상

승률의 차이가 크지 않았다.

공사 진행속도가 비슷한 다른 신설 예정 역세권 주변 C, D아파트의 비교에서도 1군 건설사 이름값에 의한 시세상승률에 별도의 프리미엄이 있다고 보기는 힘들었다.

통계결과를 종합해 보면 비록 분양 당시에는 청약경쟁률에서 많은 차이를 보였으나, 매매시장으로 전환되고 나서는 건설사 선호도에 따라 개발호재에 대한 민감도가 더 높다고 볼 수는 없었다.

따라서 투자 목적으로 아파트를 매입한다면, 브랜드 선호도를 고집하기보다는 앞서 언급한 대로 역사와의 도보거리와 세대수에 중점을 두고 선택하는 것이 바람직하다.

공급물량 앞에서는
장사 없다?

대규모 공급물량의 위력

신도시 건설 이전에는 주변에 신도시가 조성되면 새 아파트가 시세를 견인해 기존 아파트의 시세도 따라 올라간다고 보는 쪽과 전세, 매매 할 것 없이 수요가 신축에만 몰려 기존 아파트는 시세가 하락한다는 쪽으로 의견이 나뉘어 있었다. 그러나 앞서 공유한 나의 실패사례를 통해 수도권 2기 신도시의 대규모 공급 물량이 인근 아파트에 미치는 영향은 결국 후자임을 알 수 있다. (23쪽 참고)

부동산 경기 하락기에 대단지 공급이 시작되면 신축 아파트 인근 기존 아파트는 더 큰 폭으로 하락한다. 침체에서 벗어나 상승기로 접어들면 기존 아파트는 소폭 하락하다가, 호황기에는 공급 물량이 쏟아지는 시기와 맞물려 한동안 약보합으로 이어진다. 그러다가 공급물량이 모두 소진되는 시점부터 서서히 상승하는 경향을 보인다. 즉, 인근에 대규모 공급이 있으면 기존 아파트는 악영향을 받는다.

앞서 언급한 대로 서울 업무중심지 접근성이 좋은 지역에 세대수가 많은 역세권 아파트의 조건을 모두 충족한다고 할지라도 조만간 바로 인근에 대규모 아파트 공급이 계획되어 있다면, 투자 계획 자체를 철회하거나 공급이 마무리되는 시점에 시세변동추이를 보고 투자 여부를 신중히 결정해야 한다.

공급물량 확인하는 방법

참고로 신규 아파트 공급물량을 확인하는 방법을 간단히 소개하겠다. 일단 대규모 신도시 전체 공급물량과 시기는 포털사이트에서 신도시 이름으로 검색하면 쉽게 알 수 있다. 참고로 3기 신도시 공급계획은 다음과 같다.

■ 3기 신도시 공급계획

	남양주 왕숙	하남 교산	인천 계양	고양 창릉	부천 대장	과천
공급 규모	6만 6,000가구	3만 2,000가구	1만 7,000가구	3만 8,000가구	2만 가구	7,000가구
발표시기	2018년 12월 19일	2018년 12월 19일	2018년 12월 19일	2019년 5월 7일	2019년 5월 7일	2018년 12월 19일

출처: 국토교통부

대규모 신도시 주변 아파트 시세는 아파트 단지 개별 공급계획보다는 신도시 전체 공급계획에 의해 조정 받는다. 따라서 전체 공급물량과 마무리되는 시기(예상) 등을 뉴스나 포털사이트를 통해 확인하는 것으로도 충분하다.

반드시 신도시급 대규모 공급이 아니더라도, 특정 재개발 사업의 규모에 따라서 인근 아파트 시세가 조정 받는 경우도 있다. 평내호평역 인근 평내4지구가 대표적인 예라고 볼 수 있는데, 비록 신도시급 대규모 개발은 아니지만 공급물량이 7,000세대 이상으로 그 수가 만만치 않다.

이런 경우는 닥터아파트 홈페이지(www.drapt.com)에서 '분양 → 분양계획 → 지자체 선택 → 월별 검색'을 통해 편리하게 확인할 수 있다.

최대 1년간 분양계획을 알 수 있으므로 이미 주변에 아파트를 보유 중이라면, 공급물량이 본격적으로 쏟아지기 1년 전부터 매도를 준비해도 좋다. 반대로 매입을 고려 중이라면, 1년 전부터 매입자금을 준비해서 향후 분양일정에 맞게 매입전략을 세우는 용도로 활용하면 한층 편리할 것이다.

5부

확실하게 수익 내는
상황별 매도전략

아무리 좋은 조건으로 아파트를 매입하더라도 최종적으로 좋은 가격에 양도하지 않으면 이익을 실현할 수 없다.

실제로 입지 조건이 좋은 아파트들은 대부분 한 가지 이상 부동산규제로 묶여 있으므로, 내가 현재 보유한 아파트 수와 적용 받는 규제를 고려해서 양도 전략을 확실히 세워두지 않으면 내지 않아도 될 양도소득세를 내게 될 위험이 있다.

5부에서는 내가 보유한 아파트가 어떤 규제를 받는지, 중과세 대상인지, 얼마나 보유해야 하는지 등을 확실히 정리해 본다. 이와 더불어 보유한 아파트를 어떤 순서로 양도해야 유리한지 효과적인 전략을 세워 보고자 한다.

독자 여러분에게 당부하고 싶은 것은 스스로 계산한 세액이나 비과세기간을 맹신하지 말라는 것이다. 작은 부분을 놓쳤다가 미처 생각하지 못한 오차가 크게 발생할 수도 있으므로, 정확한 내용은 반드시 해당 전문가에게 확인 받기를 권한다.

기본 중 기본!
1세대를 명확히 이해하자

1세대 개념 몰랐다가는 세금 폭탄 맞는다

요즘은 조금이라도 투자가치가 있다 싶은 지역은 거의 대부분 조정대상
지역으로 지정되어 있다. 조정대상지역으로 지정되면 일단 1순위 청약기
회가 세대주에게만 주어지기 때문에 매입단계에도 어려움이 생기지만,
매도단계에서 더 큰 문제가 발생하기도 한다(조정대상지역은 뒤에서 더 자세
히 설명한다).

　매도자는 당연히 자신이 1주택자라고 생각하여 양도소득세가 비과세
될 것으로 예상했는데, 같은 세대일 거라곤 상상도 못 한 세대원이 소유한
주택 때문에 양도소득세를 부과 받고 황당해하는 경우가 왕왕 있다. 심지

어 조정대상지역에 주택이 단 한 채라도 포함될 경우에는 양도소득세가 10~20%까지 중과세되기도 한다. 그러니 그 어느 때보다도 1세대의 개념을 확실히 알아둘 필요가 있다.

그러나 내가 실무에서 상담해 보면, 1세대의 개념을 정확히 알고 있는 사람이 의외로 많지 않다는 것을 새삼 느낀다. 1인과 1세대를 혼동하기도 하고, 같은 집에서 살지 않는다고 해서 모두 다른 세대로 생각하기도 한다. 전입신고를 서로 다른 곳으로 해서 별거 중인 부부가 자신들을 다른 세대로 알고 있다가 관심 있게 봐 오던 신축 아파트에 청약 자체를 못 하게 되기도 하고, 주택을 매매할 때 내지 않아도 될 세금 폭탄을 맞는 안타까운 일이 벌어지기도 한다.

1세대란 무엇인가?

그렇다면 1세대의 정확한 개념은 무엇일까? 사전적 의미의 1세대는 '거주자 및 그 배우자가 그들과 동일한 주소 또는 거소에서 생계를 같이하는 가족. 가족은 거주자와 그 배우자의 직계존비속 및 형제자매.'를 뜻한다.

쉽게 풀어보자. 1세대가 되기 위한 전제조건은 가족이다. 먼저 직계존속은 나와 나의 배우자보다 위 항렬, 즉 부모님이고 직계비속은 나와 나의 배우자보다 아래 항렬, 즉 자식과 자식의 배우자 및 손이다.

따라서 내가 세대주인데 나의 배우자, 부모님, 장인장모님, 자식 부부, 나의 형제자매가 모두 같은 주소에 전입되어 있다면 다 같이 1세대로 본다.

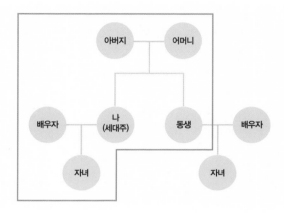

■ 내가 세대주일 때 1세대의 범위

단, 내 형제자매의 배우자는 같은 세대에서 제외되며 친구, 동료 등도 같은 주소에 전입해서 살고 있다고 하더라도 1세대로 보지 않는다는 점은 기억해 둘 필요가 있다.

내가 아닌 다른 가족이 세대주일 때는?

만약 위와 동일한 조건에서 세대주가 내가 아닌 아버지로 바뀐다면, 내 형제자매의 배우자 역시 아버지의 직계비속이 되므로 1세대로 간주된다. 배우자의 부모가 세대주여도 마찬가지이다. 예를 들어 장인이 세대주인 경우 배우자의 형제와 그 배우자도 전입한 주소가 같다면 1세대로 간주된다.

■ 다른 가족이 세대주일 때 1세대의 범위

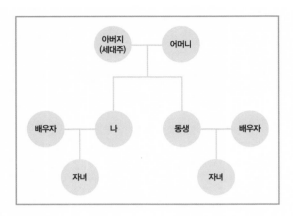

부부는 혼인신고 후 단 한 번도 같은 주소에서 산 적이 없거나, 전입을 달리해 별거 중이라고 하더라도 법적으로 부부라면 항상 1세대로 본다.

세대주의 자녀도 같은 1세대로 본다. 단, 자녀의 나이가 만 30세 이상이거나 만 30세 미만이더라도 결혼 또는 이혼 및 사별하거나, 연간 소득이 매년 정하는 기준 이상인 경우 중 한 가지 이상만 충족하고 주소가 다르면 세대주의 자녀여도 같은 세대로 보지 않는다.

■ 세대주의 자녀를 독립된 세대로 인정하는 경우

만 30세 이상(31세 생일이 지나는 시점부터)	
나이와 상관없이 결혼, 결혼 후 이혼 또는 사별	한 가지 이상 충족, 주소 다를 때
연간 소득이 매년 정하는 기준 이상	

부동산 규제 지역
파악하기

규제 지역은 정부에서 향후 오를 거라고 찍어주는 곳

이 책에서 언급된 지역들은 규제 적용시기와 내용이 다를 뿐, 일부 지역을
제외하고는 모두 한 가지 이상 부동산 규제를 받는다.

어떤 지역이 부동산 규제를 받는다는 것은 어떤 의미로 해석할 수 있을
까? 자세히는 몰라도 조만간 개발호재로 인해 아파트 가격이 크게 변동할
여지가 있기 때문에 사전에 정부에서 적당한 조치를 취하는 것으로 이해
할 수 있다.

현재 수도권 아파트 투자자가 신경 써야 할 부동산 규제는 투기과열지
구와 조정대상지역이다. 하나하나 살펴보자.

■ 투기과열지구와 조정대상지역 조정현황

	투기과열지구(49개)	조정대상지역(111개)
서울	전 지역('17.8.3)	전 지역('16.11.3)
경기	과천('17.8.3), 성남분당('17.9.6), 광명, 하남('18.8.28), 수원, 성남수정, 안양, 안산단원, 구리, 군포, 의왕, 용인수지·기흥, 동탄2일부 제외 ('20.6.19)	과천, 성남, 하남, 동탄2('16.11.3), 광명('17.6.19), 구리, 안양동안, 광교지구('18.8.28), 수원팔달, 용인수지·기흥('18.12.31), 수원영통·권선·장안, 안양만안, 의왕('20.2.21), 고양, 남양주일부 제외, 화성, 군포, 부천, 안산, 시흥, 용인처인일부 제외, 오산, 안성일부 제외, 평택, 광주일부 제외, 양주일부 제외, 의정부('20.6.19), 김포일부 제외 ('20.11.20), 파주일부 제외('20.12.18)
인천	연수, 남동, 서('20.6.19)	중일부 제외, 동, 미추홀, 연수, 남동, 부평, 계양, 서('20.6.19)
부산	–	해운대, 수영, 동래, 남, 연제('20.11.20) 서구, 동구, 영도구, 부산진구, 금정구, 북구, 강서구, 사상구, 사하구('20.12.18)
대구	수성('17.9.6)	수성('20.11.20), 중구, 동구, 서구, 남구, 북구, 달서구, 달성군일부 제외('20.12.18)
광주	–	동구, 서구, 남구, 북구, 광산구('20.12.18)
대전	동, 중, 서, 유성('20.6.19)	동, 중, 서, 유성, 대덕('20.6.19)
울산	–	중구, 남구('20.12.18)
세종	세종('17.8.3)	세종일부 제외('16.11.3)
충북		청주일부 제외('20.6.19)
충남	–	천안동남일부 제외·서북일부 제외, 논산일부 제외, 공주일부 제외('20.12.18)
전북	–	전주완산·덕진('20.12.18)
전남	–	여수일부 제외, 순천일부 제외, 광양일부 제외('20.12.18)
경북	–	포항남일부 제외, 경산일부 제외('20.12.18)
경남	창원의창일부 제외('20.12.18)	창원성산('20.12.18)

*일부 읍면 지역은 지정에서 제외되었습니다. 자세한 사항은 국토교통부 보도자료 참고

*출처: 국토교통부

투기과열지구

주택가격상승률이 물가상승률보다 현저히 높은 지역 중 직전 2개월 월평균 청약경쟁률이 모두 5:1을 초과하거나 주택분양계획이 전월 대비 30% 이상 감소한 지역, 주택건설사업계획승인이나 주택건축허가 실적이 지난해보다 급격하게 감소한 지역을 1차적으로 분류한 후 주택 투기가 성행하거나 우려되는 지역을 검토하여 지정한다.

투기과열지구로 지정된 지역에서는 주택건설사업 주체가 입주자를 모집할 때 해당 주택건설지역이 투기과열지구에 포함된 사실을 반드시 공고해야 하며, 주택을 분양 받은 사람은 최장 10년간 매매, 전매, 증여 등으로 권리를 이전할 수 없다. 이때 상속은 예외로 한다.

투기과열지구로 지정되면 해당 지역의 LTV와 DTI가 40%로 제한된다.

⌂ 알아두면 유용한 부동산 꿀팁

투기과열지구에서 상속만 예외로 두는 이유

투기과열지구에서뿐만 아니라 일반적으로 양도소득세를 부과할 때도 매매, 증여에 비해 상속 받은 주택에 대해서는 예외조항을 둔다. 이렇듯 상속 받은 주택에 별도의 혜택을 주는 이유는 다른 수단과는 달리 내 의사와 상관없이 소유권이 넘어오기 때문이다.

매매나 증여는 당사자 간 조율을 통해 얼마든지 세금에 영향을 주는 요인을 변경할 여지가 있지만, 상속이라는 상황은 상속인이 반드시 사망해야 성립한다. 이때 피상속인이 자신이 원하지 않는 상황에서 소유권을 넘겨받을 수도 있으므로 이런 경우에는 오히려 피상속인이 피해를 받는 상황으로 간주하는 것이다.

상속 받은 주택으로 인해 피상속인이 피해를 받는 예는 1주택만 소유하여 이미 양도소득세 비과세 요건을 충족했는데, 상속 받은 주택으로 인해 2주택자가 되어 내지 않아도 될 양도소득세가 부과되는 경우가 대표적이라고 볼 수 있다.

이 경우 상속 받은 주택은 현행 세법상 없는 것으로 간주하며, 피상속인이 보유한 기존 주택을 상속 받은 주택보다 먼저 매도할 경우 양도소득세가 정상적으로 비과세된다.

조정대상지역

조정대상지역은 주택가격, 청약경쟁률, 분양권 전매량 및 주택보급률 등을 고려할 때, 주택 분양 등이 과열되어 있거나 과열될 우려가 있는 지역이다. 구체적으로는 주택가격 상승률이 물가상승률의 2배 이상이거나, 직전 2개월 평균 청약경쟁률이 5:1 이상인 곳 등을 면밀히 검토해 지정한다.

조정대상지역으로 지정되면 해당 지역의 LTV는 50%(9억원 초과분은 30%), DTI는 40%로 제한된다. 그리고 다주택자 양도소득세 중과세, 장기보유특별공제 배제, 분양권 장기간 전매제한 및 단일세율(50%) 적용, 1순위 청약자격 제한 등이 적용된다.

■ 투기지역, 투기과열지구, 조정대상지역 및 기타 지역의 LTV, DTI 비율

주택가격	구분		투기지역 및 투기과열지구		조정대상지역		조정대상지역 외 수도권		기타	
			LTV	DTI	LTV	DTI	LTV	DTI	LTV	DTI
고가주택 기준 이하 주택 구입 시	서민 실수요자		50%	50%	70%	60%	70%	60%	70%	없음
	무주택세대		40%	40%	60%	50%	70%	60%	70%	없음
	1주택 보유세대	원칙	0%	–	0%	–	60%	50%	60%	없음
		예외	40%	40%	50%	40%	60%	50%	60%	없음
	2주택 이상 보유세대		0%	–	0%	–	60%	50%	60%	없음
고가주택 구입 시	원칙		0%	–	0%	–	고가주택 기준 이하 주택 구입 시 기준과 동일			
	예외		40%	40%	50%	40%				

*고가주택은 공시가격 9억원 초과를 말함
*1주택 보유 세대 예외 및 고가주택 구입 시 예외의 조정대상지역의 LTV는 50%는 9억원 초과분에 한해 30%로 적용
*출처: 국토교통부

이 책에서 언급한 지역 중 투기지역에 해당하는 곳과 투기과열지구에 단독으로 속한 지역(대구광역시 수성구가 유일)은 없다. 따라서 조정대상지역에만 속하는 경우와 조정대상지역과 투기과열지구에 동시에 속하는 경우에 대해서만 뒤에서 언급하겠다.

🏠 **알아두면 유용한 부동산 꿀팁**

LTV란?

LTV(Loan To Value)는 주택을 담보로 돈을 빌릴 때 인정되는 자산가치의 비율이다. 쉽게 설명하면 내 집값에서 약속한 비율만큼 대출해 주겠다는 뜻이다. 만약 LTV가 70%일 때 3억 원짜리 아파트를 담보로 대출 받고자 한다면, 최대 2억 1,000만원까지 가능하다.

DTI란?

총소득에서 대출의 1년치 원리금 상환액이 차지하는 비율을 말한다. 쉽게 설명하면, 내 연간 총소득에서 1년간 상환하는 원금과 이자의 총액이 약속된 비율을 넘지 않는 선에서 대출해 주겠다는 뜻이다. 만약 연소득이 4,000만원이고 DTI가 50%라면, 1년치 원리금 상환액이 2,000만원을 초과하지 않도록 대출규모를 제한하겠다는 의미이다.

조정대상지역에 속한
아파트가 받는 규제는?

—

앞서 설명한 지역 중 어느 곳이 조정대상지역일까?

8호선 연장 별내선 다산역, 별내역(이상 남양주), 4호선 연장 진접선 북별내역(이상 남양주), GTX-A 노선 킨텍스역, 대곡역(이상 고양), GTX-C 노선 의정부역(이상 의정부), 덕정역(이상 양주) 인근 아파트가 조정대상지역에 속한다. 여기서 말하는 조정대상지역은 투기과열지구를 제외한 지역이다.

따라서 앞서 언급한 신설 역사 인근의 아파트를 투자 목적으로 매입하려면, 아파트 입지 및 투자수익성 판단 못지않게 조정대상지역에 적용되는 부동산 규제 내용을 면밀히 알아야만 내지 않아도 될 세금을 아껴 최대 수익을 실현할 수 있다.

■ 규제 적용대상 노선 및 역명

노선	해당 지역	역명
별내선	남양주 별내동, 다산동	별내역, 다산역
진접선	남양주 별내동	북별내역(001)
GTX-A	고양 덕양구, 일산서구	킨텍스역, 대곡역
GTX-C	의정부, 양주	의정부역, 덕정역

다주택자는 장기보유특별공제에서 제외

조정대상지역에 속하는 지역의 아파트는 어떤 규제를 받을까? 먼저 조정
대상지역에서 1세대 2주택자는 양도소득세가 일반세율의 10%, 1세대 3주
택자는 20% 가산되며 장기보유특별공제를 받지 못한다. 장기보유특별공
제란 말 그대로 부동산을 장기간 보유하면 양도소득세에서 일정한 비율
을 특별히 공제해 주는 것을 말한다.

■ 조정대상지역 다주택자 양도소득세율 표

과세표준	기본	조정지역 내 2주택 이상	조정지역 내 3주택 이상	누진공제액
1,200만원 이하	6%	16%	26%	-
1,200만원 초과 4,600만원 이하	15%	25%	35%	108만원
4,600만원 초과 8,800만원 이하	24%	34%	44%	522만원
8,800만원 초과 1억 5,000만원 이하	35%	45%	55%	1,490만원
1억 5,000만원 초과 3억원 이하	38%	48%	58%	1,940만원
3억원 초과 5억원 이하	40%	50%	60%	2,540만원
5억원 초과	42%	52%	62%	3,540만원

2020년 3월 기준

세대에 속한 주택을 모두 1년 이상 보유했다고 가정하면 양도차익에 따라 일반 양도소득세율이 6~42% 적용되지만, 1세대 2주택자는 여기에 10%가 가산되어 16~52%, 1세대 3주택자는 20% 가산되어 26~62%가 적용된다. 그리고 2021년 6월부터 10억원을 초과하는 과세표준에 대해 45%의 기본세율 구간이 신설되고, 각각 10%씩 추가 가산되어 1세대 3주택자는 최대 75%의 세율이 적용된다.

이때 조정대상지역 내 2주택 이상 보유자는 아파트 보유기간에 비례해서 양도차익에 대해 일정한 비율을 공제해 주는 장기보유특별공제를 적용 받지 못하므로 실제 양도소득세 부담이 더욱 가중된다. 하지만 최근 정부에서는 다주택자의 주택 매도를 유도하기 위해 오는 2020년 6월까지 한시적으로 조정대상지역 내 다주택 중 10년 이상 보유한 주택을 매도할 경

■ 1세대 1주택자 거주기간별 장기보유특별공제

보유 기간	1세대 1주택자 2년 거주 미충족 시	1세대 1주택
3년 이상 4년 미만	6%	24%
4년 이상 5년 미만	8%	32%
5년 이상 6년 미만	10%	40%
6년 이상 7년 미만	12%	48%
7년 이상 8년 미만	14%	56%
8년 이상 9년 미만	16%	64%
9년 이상 10년 미만	18%	72%
10년 이상 11년 미만	20%	80%
11년 이상 12년 미만	22%	
12년 이상 13년 미만	24%	
13년 이상 14년 미만	26%	
14년 이상 15년 미만	28%	
15년 이상	30%	

2020년 3월 기준

우 장기보유특별공제를 인정해 주고 있다.

장기보유특별공제는 매도 실거래가에서 매수 실거래가를 뺀 후 그 아파트를 거래하면서 발생한 부동산 중개보수, 법무사 등기대행 수수료, 샷시와 보일러 교체 비용 등의 필요경비를 제하고 나서 얻는 양도차익을 기준으로 3년 이상 보유기간별로 일정비율을 공제해 주는 제도이다.

장기보유특별공제를 받으면 적용 받는 세율 구간이 달라질 수도 있으므로, 공제 여부에 따라 실제 납부할 양도소득세가 많이 차이 나기도 한다. 예시를 통해 장기보유특별공제의 위력을 간접적으로 체험해 보자.

박모씨는 2006년 조정대상지역에 속한 A아파트를 17억원에, 2009년 역시 조정대상지역 내에 있는 B아파트를 8억원에 매입해서 조정대상지역 내 2주택 보유자가 되었다. 현재 A아파트는 30억원이 되었고, B아파트는 13억원이 되었다.

만약 박모씨가 A아파트를 2020년 7월 매도한다면, 최고 양도소득세율 42%에 조정대상지역 내 2주택자 중과세율 10%를 더해 약 6억원을 양도소득세로 내야 한다. 여기에 주민세까지 추가하면 거의 6억 6,000만원이 넘는 세금을 납부해야 한다. 그러나 2020년 6월 말 전까지 매도할 경우, 14년간 장기보유특별공제 28%를 적용받아 양도소득세가 절반 수준인 약 3억 4,000만원으로 줄어든다.

비록 2020년 7월부로 조정대상지역 내 다주택자의 장기보유특별공제 특례기간이 끝난다고 하더라도, 장기보유특별공제가 전체 양도소득세에 생각 이상으로 큰 파급효과가 있다는 것은 앞으로도 기억해 둘 필요가 있다.

양도차익 계산법

양도차익은 양도가액−취득가액−필요경비로 계산한다. 양도가액은 양도 당시 실제 거래된 가격을 말하며 취득가액은 부동산을 취득했을 당시의 실거래가를 말한다. 필요경비는 부동산을 취득, 보유, 양도하는 단계에서 반드시 지출하는 각종 수수료 및 부동산의 가치를 높이기 위해 들어간 비용을 말한다. 취득세, 부동산중개수수료, 법무사수수료, 샷시와 보일러 교체비용 등이 여기에 속한다.

비과세 적용 받으려면 보유와 거주기간 둘 다 충족해야

1세대 1주택의 양도소득세 비과세를 판정할 때는 보유기간 2년뿐만 아니라 거주기간 2년이 추가로 필요하다.

실거주 목적으로 조정대상지역에 속한 아파트를 매입한 후 2년 이상 그 아파트에서 거주하면 자연스럽게 비과세가 된다.

하지만 조정대상지역에 속한 아파트를 2년간 보유했다고 하더라도 투자 목적으로 다른 지역에서 전세로 사느라 2년 거주요건을 충족하지 못하면, 양도차익에 대해서 6~42%의 일반 양도소득세율이 적용된다. 그러나 세금을 내지 않기 위해 무조건 거주해야 한다고 생각할 수도 있지만 그럴 필요까지는 없다고 본다.

양도소득세라는 것은 반드시 수익이 있어야 발생하므로 수익이 발생하지 않았다면 낼 세금도 없다. 선수익 후세금의 생리를 받아들인다면 투자에 대한 진입장벽을 한층 낮출 수 있을 것이다.

신축 아파트 청약 1순위 조건 강화

조정대상지역에 속한 신축 아파트에 1순위로 청약하려면 청약통장 가입 후 2년이 경과해야 하고, 납입금이 청약예치금 기준금액 이상이어야 한다. 그리고 오로지 세대주만 청약할 수 있다.

과거에 한창 아파트 청약시장이 호황기였을 때는 당첨확률을 높이기 위해 세대주뿐만 아니라 모든 세대원이 청약에 참여했다. 하지만 조정대상지역에서는 이런 행위 자체가 불가능하다.

2주택자 이상부터는 대출 불가능

2주택자 이상 소유한 사람이 조정대상지역에 속하는 아파트를 매입할 때는 매입하고자 하는 아파트를 담보로 대출을 받을 수 없다. 1주택자는 기존에 보유한 1주택을 매도한다는 전제하에 최대 60%까지 대출 받을 수 있다.

무주택자의 경우는 아무런 전제조건이 없지만, 역시 대출 최대한도가 60%까지 제한된다.

조정대상지역에 속하는 기존 광역철도 및 도시철도에서 경기도로 파생되는 신설 노선과 수도권 광역급행철도(GTX) 노선 인근 아파트들을 매입하려면, 세입자의 전세보증금을 활용하고도 약 1억원에서 많게는 3억원 정도가 필요하다. 따라서 지역에 따라 투자에 나서기 전에 대출한도를 다시 한번 확인할 필요가 있을 것이다.

일시적 1세대 2주택 조건 강화

조정대상지역 외 지역에서는 새로운 아파트로 이사 간 뒤 3년 이내에 기존 아파트를 매도하면 비과세가 된다. 그러나 조정대상지역에서는 그 기간이 2년으로 강화되었으며, 최근 12.16 부동산 추가대책에 의해 2020년부터는 1년으로 더욱 강화되었다.

자금조달 및 입주 계획서 제출

조정대상지역에서는 거래대금에 상관없이 자금조달 및 입주 계획서를 제출해야 한다.

사실상 조정대상지역에 속한 아파트는 거의 대부분이 3억원 이상이므로, 이 책에서 언급한 역세권 아파트를 매입하려면 필수적으로 제출해야 한다고 생각해도 무리가 없을 것이다.

입주 계획서를 요구하는 이유는 조정대상지역에서 주택을 매입할 때 들어간 자금의 출처를 명확하게 밝히기 위해서이다. 실수요 거래자는 보호하고 투기세력은 막겠다는 취지이기는 하지만, 궁극적으로 많은 현금을 보유한 투기세력을 막기에는 한계가 있다. 결과적으로 기존 무주택자 대신 현금부자에게만 기회를 준다는 비판도 나오는 상황이다.

■ 조정대상지역에서 제출해야 하는 입주 계획서 양식

■ 부동산 거래신고 에 관한 법 시행 칙 [지 제1호의2 서식] <신설 2017. 9. 26.> 부동산거래관리시스 (rtms.molit.go.kr) 에서도 신청할 수 있^니다.

주택취득 자금조달 및 입주 계획서 (해당자만 기재)

제출인 (매수인)	성명(법인명)			주민 번호(법인·외국인 번호)	
	주소(법인소재지)			(대)전화번호	

① 자금 조달계	자기 자금	② 금융기관 예금	원	③ 부동산매도	원
		④ 주식· 권 매각대금	원	⑤ 보증금 승계	원
		⑥ 현금 기타	원	⑦ 소계	원
	입금	⑧ 금융기관 대출	원	⑨ 사	원
		⑩ 기타	원	⑪ 소계	원
⑫ 합계					원

⑬ 입주 계	[ ]본인 입주 [ ]본인 외 가 입주 [ ]임대(전·월세) (입주 예정 시기 : 년 월)

「부동산 거래신고 에 관한 법 」 시행령 제3조제1항, 은 법 시행 칙 제2조 제5항부터 제7항
까지의 정에 따라 위와 이 주 득자금 조달 및 입주 계 을 신고합니다.

년 월 일

제출인

(서명 또는 인)

시장·군수·구청장 하

유의사항

1. 제출하신 자금조달 및 입주 계 서는 국세청 에 관계기관에 통보되어, 신고내역 조사 및 관련 세법에 따른 조사 시 참고자로
   로 활용 니다.
2. 자금조달 및 입주 계 서를 계약체결일로부터 60일 이내에 제출하지 않거나, 거짓으로 작성하는 경우 법 제28조제2항 또는
   제3항에 따라 과태료가 부과되오니 이점 유의하시기 바 니다.
3. 본 서식은 부동산거래계약 신고서 수 전에는 제출이 불가하오니 도 제출하는 경우에는 미리 부동산거래계약 신고서의
   제출여부를 해당 신고서 제출자 또는 신고관청에 확인하시기 바 니다.

작성방법

1. ① 자금조달계 란에는 해당 주 의 득에 소요되는 자금의 조달계에 대하여 기재하고, 매수인이 다수인 경우에는 각 매
   수인 별 작성하며, 각 매수인 금 을 합산한 총 금 과 거래신고 된 실제 거래금 이 일치하여야 합니다.
2. ② ~ ⑥에는 자기자금을 종류 로 구분하여 총 되지 아니하게 기재합니다.
3. ② 금융기관 예금 란에는 금융기관에 에치되어 있는 본인명의의 여금(적금)을 통해 조달하고자 하는 자금을 기재합니
   다.
4. ③ 부동산매도 란에는 본인 소유 부동산의 매도를 통해 조달하고자 하는 자금 또는 재건 , 재개발시 발생한 종전부동
   산 권리가 를 기재합니다.
5. ④ 주식· 권 매각대금란에는 본인명의 주식· 권 및 각종 유가증권 매각 을 통해 조달하고자 하는 자금을 기재합니다.
6. ⑤ 보증금 승계란에는 임 인의 보증금 승계하는 자금을 기재합니다. (대출금 승계는 제외)
7. ⑥ 현금 기타란에는 현금으로 보유하고 있는 자금 및 ② ~ ⑤에 포함되지 않는 기타 본인의 자산을 통해 조달하고자 하
   는 자금(금융기관 예금 이외의 각종 금융상품 및 간 투자상품을 통해 조달하고자 하는 자금 포함)을 기재합니다.
8. ⑧ ~ ⑩에는 자기자금을 제외한 외부 입금 을 종류 로 구분하여 총 되지 아니하게 기재합니다.
9. ⑧ 금융기관 대출 란에는 금융기관으로부터의 각종 대출을 통해 조달하고자 하는 자금 또는 매도인의 대출금 승계 자금을
   기재합니다.
10. ⑨ 사 란에는 금융기관 이외의 법인 또는 개인사업자 으로부터 입을 통해 조달하고자 하는 자금을 기재합니다.
11. ⑩ 기타란에는 ⑧ ~ ⑩에 포함되지 않는 그 밖의 입금 을 기재합니다.
12. ⑦에는 ② ~ ⑥의 합계 물, ⑪에는 ⑧ ~ ⑩의 합계 율, ⑫에는 ⑦과 ⑪의 합계 율 기재하며, 부동산거래계약 신고서의
   실제 거래금 과 일치하여야 합니다.
13. ⑬ 입주계 란에는 해당 주 의 거래계약을 처결한 이후 첫 번째 입주자 기준으로 기재하며, 본인입주란 매수인 및 주민
   상 동일세대원이 함께 입주하는 경우, 본인 외 가 입주란 매수인과 주민 상 세대가 분리된 가 이 입주하는 경우를 말
   하며, 이 경우에는 입주 예정 시기를 기재합니다. 또한 첫 번째 입주자가 다세대, 다가구 2세대 이상인 경우에는 해당 항
   록 로 중 하여 기재합니다.

210mm×297mm[백상지(80g/㎡) 또는 중질지(80g/㎡)]

내 아파트가 조정대상지역,
투기과열지구에 모두 속한다고?

조정대상지역으로 규제 받고, 투기과열지구로 규제 더하고

투기과열지구란 어떤 곳에 지정되는지, 내 아파트가 투기과열지구에 속할 경우 어떤 규제를 받는지 정리해 보자.

8호선 연장 별내선 구리시 전체(이상 구리), 5호선 연장 하남선 전체(이상 하남), GTX-A 노선 동탄역(이상 동탄2신도시), GTX-C 노선 수원역(이상 수원)이 조정대상지역과 투기과열지구로 중복 지정되었다. 2가지 규제가 동시에 적용되므로 당연히 조정대상지역의 규제내용은 그대로 적용 받고, 투기과열지구에 적용되는 규제도 추가로 받는다.

참고로 전국적으로 투기과열지구 단독으로만 묶인 곳은 대구광역시 수성구가 유일하며, 이 책에서 언급한 지역 중에서 해당되는 곳은 없다.

그렇다면 조정대상지역과 투기과열지구에 모두 속하는 지역은 어떤 규제를 받을까?

■ 조정대상지역과 투기과열지구에 모두 속하는 노선 및 역명

노선	해당 지역	역명
별내선	구리	BN2, 3, 4
하남선	하남	5호선 연장 하남선 전체
GTX-A	동탄2신도시	동탄역
GTX-C	수원	수원역

자금조달 및 입주 계획서 제출

이미 조정대상지역에만 속한 지역보다 앞선 2017년 9월부터 투기과열지구에 속한 지역에서 3억원 이상 주택을 매입했다면 거래 신고와 함께 자금조달 및 입주 계획서를 제출해야 한다.

2주택자 이상부터는 대출 더욱 힘들어져

2주택 이상 소유한 사람이 투기과열지구에 속하는 아파트를 매입할 때는 매입하고자 하는 아파트를 담보로는 전혀 대출이 되지 않으며, 1주택자는 기존에 보유한 1주택을 매도한다는 전제하에 최대 40%까지 대출을 받을 수 있다.

무주택자의 경우는 아무런 전제조건이 없지만, 역시 대출 최대한도가 40%로 줄어든다.

이 규정은 조정대상지역에도 적용되지만, 투기과열지구에서는 더 강화되었음을 알 수 있다.

보유 주택 수와
형태에 따른 경우의 수는?

━━━━━━

    1세대 2주택 혹은 3주택 이상 다주택자이면서 보유 중인 아파트의 일부 또는 전부가 규제대상지역에 속해 있다면, 효율적인 매도전략을 마련해야 불필요한 세금 유출을 막고 수익을 극대화할 수 있다.

    이제 다주택자가 직면할 수 있는 경우의 수를 통해 효율적인 매도전략을 알아보자.

    모든 아파트 및 분양권과 재개발 입주권은 1년 이상 보유, 일시적 1세대 2주택 조건에 해당되지 않는 기간만큼 보유했다고 가정한다.

보유한 3주택 모두 조정대상지역에 속하는 경우

경기도 구리 소재 A아파트

경기도 남양주 별내 소재 B아파트

경기도 남양주 다산 소재 C아파트

보유기간, 매입순서와 상관없이 어느 아파트를 먼저 매도하더라도 양도차익에 따라 양도소득세율이 26~62%로 동일하게 적용된다. (177쪽 참고)

이때는 양도차익이 적은 것부터 매도해야 전체 양도소득세를 줄일 수 있다. A아파트의 양도차익은 1억원, B아파트와 C아파트의 양도차익은 각 2억원이라고 해보자. 이 중 첫 번째 매도하는 아파트에는 20%의 세율이 중과세되므로 단순히 계산해 보더라도 B나 C아파트를 먼저 매도해서 2억원의 20%인 4,000만원을 양도소득세로 납부하는 것보다, A아파트를 먼저 매도해서 1억원의 20%인 2,000만원만 납부하는 것이 더 효율적이다.

그다음부터는 자연스럽게 중과세율이 10%로 줄어들므로, B와 C는 순서에 상관없이 자유롭게 매도해도 2억원의 10%인 2,000만원을 양도소득세로 납부하면 된다.

3주택 중 하나가 조정대상지역에 속하지 않는 경우

> 경기도 구리 소재 A아파트
>
> 경기도 남양주 별내 소재 B아파트
>
> 경기도 가평군 소재 C아파트 (비조정대상지역)

이 경우 비조정대상지역에 속한 C아파트는 매도 순서와 상관없이 일반 양도소득세율 6~42%를 적용 받으므로 가장 먼저 매도하는 것이 좋다.

단순 세율 면에서도 그렇지만, 실제로 비조정대상지역에 속하는 아파트의 양도차익은 조정대상지역에 속하는 아파트에 비해 크지 않은 경우가 대부분이기 때문이다.

C아파트를 가장 먼저 매도하면 2주택자가 되므로 A, B 중 어느 아파트를 먼저 매도하더라도 중과세를 10% 감면 받아 양도차익에 따라 양도소득세율을 16~52%만 적용 받는다.

만약 A나 B아파트 중 하나를 C아파트보다 먼저 매도하면, 양도차익에 따라 양도소득세율을 26~62% 적용 받아 20%의 중과세를 피할 수 없다.

3주택 중 두 개가 조정대상지역에 속하지 않는 경우

> 경기도 남양주 다산 소재 A아파트
>
> 경기도 가평군 소재 B아파트 (비조정대상지역)
>
> 경기도 김포시 통진읍 소재 C아파트 (비조정대상지역)

이 경우에는 B나 C아파트 중 양도차익이 적은 아파트 하나를 먼저 매도하고, 나머지 하나를 두 번째로, A아파트를 마지막으로 매도하는 전략이 가장 좋다.

매도시기와 순서, 주택 수에 상관없이 B나 C아파트에는 일반 양도소득세율 6~42%가 적용되며, A아파트가 조정대상지역에 속하기는 하지만 1주택자가 되어 거주 2년을 충족하면 비과세 혜택까지 받을 수 있다.

3주택 모두 조정대상지역에 속하고, 그중 하나가 재개발 입주권인 경우

경기도 남양주 다산 소재 A아파트
경기도 고양 동탄2 소재 B아파트
경기도 남양주 별내 소재 C재개발 입주권

이 경우에는 상황에 따라 변동의 여지는 있겠으나, C재개발 입주권을 가장 먼저 매도하는 것이 좋을 것으로 보인다. 재개발 입주권은 주택 수에는 산정되지만 양도소득세 중과세에서는 제외되기 때문이다.

재개발 입주권 상태에서는 보유 주택 수에 상관없이 일반 양도소득세율 6~42%를 적용 받으며, C재개발 입주권을 먼저 매도하고 나면 2주택자가 되므로 A나 B 중 어느 아파트를 먼저 매도하더라도 중과세를 10% 감면 받을 수 있다. 따라서 양도차익에 따라 양도소득세율을 16~52%만 적용 받는다.

만약 A나 B아파트 중 하나를 가장 먼저 매도하면 C재개발 입주권이 보유 주택 수에 산정되므로 20% 중과세를 피할 수 없다.

참고로 아파트 2채 중 하나를 팔아 1주택자가 되어도 재개발 입주권이 입주권인 상태에서는 비과세가 적용되지 않으며, 준공검사를 받은 날을 기준으로 2년 이상 보유했다면 준공일부터 양도소득세가 비과세된다.

3주택 모두 조정대상지역에 속하고, 그중 하나가 분양권인 경우

> **경기도 남양주 구리 소재 A아파트**
> **경기도 고양 동탄2 소재 B아파트**
> **경기도 남양주 별내 소재 C아파트 분양권**

이 경우에는 상황에 따라 효율적으로 매도 순서를 정해야 할 것으로 보인다.

매도 순서 및 시기에 상관없이 C아파트 분양권에는 무조건 50%의 고정 세율이 적용된다. 따라서 비록 A나 B아파트 중 하나를 매도할 때 양도차익에 따라 26~62%의 중과세가 적용되더라도, 납부할 세액이 C 아파트 분양권의 납부세액보다 적다면 분양권보다 A나 B 중 하나를 먼저 매도하는 것이 좋다.

반대로 A나 B아파트 중 하나를 매도할 때 발생하는 납부세액이 C아파트 분양권보다 많다면 C를 먼저 매도한 다음, 10% 중과세가 면제된 A나 B 중 하나를 매도하면 된다.

나머지 하나는 거주기간 2년을 충족하여 비과세 혜택을 받는 전략이 좋을 것으로 보인다.

주택임대사업자 등록 꼭 해야 할까?

많은 책들이나 부동산 관련 강연에서 다주택자에게 양도소득세를 감면받기 위한 방법으로 주택임대사업자 등록을 권유하지만, 나는 아파트 보유 목적이 투자라면 추천하지 않는 편이다.

아파트를 보유하다 보면 상황에 따라 일찍 매도하거나 임대를 주었던 아파트에 내가 들어가서 살아야 할 수도 있는데, 주택임대사업자로 등록하면 의무에 묶여 상황에 따라 효과적으로 대응하기 어렵기 때문이다.

■ 주택임대사업자의 의무 및 세금 혜택

의 무	1. 단기 4년, 장기 8년 의무임대기간 준수 2. 의무임대기간 내 양도 불가(임대사업자에게만 가능) 3. 임대차 계약내용 신고(변경 포함) 4. 임차인에게 임대사업자임을 설명해야 함 5. 등기사항전부증명서에도 소유권의 부기등기로 표시해야 함 6. 임대료 연 5% 이내로 증액 제한
세금 혜택	1. 최초 분양받은 공동주택(아파트, 빌라)과 주거용 오피스텔 전용 60m² 이하 취득세 면제(200만원 초과분에 대해서는 15% 납부, 일반매매는 제외) 2. 임대해서 얻는 소득에 대한 소득세 감면(단기 30%, 장기 75%) 3. 장기 40m² 이하에 대해서 재산세 면제(50만원 초과분에 대해서는 15% 납부) 4. 종합부동산세, 양도세 중과세 배제 5. 장기보유특별공제 인정

가장 큰 문제는 주택임대사업자가 누리던 각종 세금 혜택을 그대로 유지하려면, 반드시 일반인이 아닌 다른 주택임대사업자에게 매도해야 한다는 것이다. 이는 곧 매수인을 구하기가 그만큼 힘들어진다는 것이고, 투자의 궁극적인 목적인 환금성에 문제가 생긴다는 뜻이다.

세금은 궁극적으로 내가 얻은 수익의 일부를 나라 또는 지자체에 납부하는 것이다. 바꿔 말하면 납부할 세금이 있다는 것은 세금을 내고도 남을 만큼 수익을 얻었다는 뜻이 된다.

그러므로 만약 아파트 투자를 통해 만족할 정도로 수익을 얻고 합법적인 방법으로 절세도 했다면, 세금 정도는 기쁜 마음으로 납부하는 성숙한 시민의식을 가질 필요가 있다.

일시적 1세대 2주택 속에 숨은

신의 한수

2주택이어도 양도소득세 비과세 혜택을 받을 수 있다

일시적 1세대 2주택이라는 말을 많이 들어봤을 것이다. 상식적으로 생각할 때 기존에 살던 집에서 다른 집으로 이사 가고자 한다면, 새로 이사 갈집을 먼저 구한 뒤 계약금 준비와 함께 계약서를 작성해야 한다. 그리고기존에 살던 집을 매도한 자금으로 이사 갈 집의 중도금과 잔금을 해결하는 것이 일반적이다.

그런데 사람 일이라는 것이 계획대로 진행되면 정말 좋겠지만, 기존에살던 집이 새로 이사 갈 집의 잔금 날짜에 맞게 팔리지 않으면 어쩔 수 없이 대출의 힘을 빌리거나 임대를 주어 잔금을 마무리하게 된다.

일시적 1세대 2주택은 일단 급한 일은 마무리해 놓고 천천히 여유를 갖고 기존에 살던 집을 처분하라는 뜻으로 양도소득세 비과세 특별조항을 만든 것이며, 기간은 3년으로 제한한다.

한마디로 법에서 일정하게 정한 요건을 충족하면 기존에 소유한 주택에 양도소득세 비과세 혜택을 주겠다는 뜻이다. 그러나 내가 실무에서 상담해 보면, 이제 국민상식처럼 되어버린 일시적 1세대 2주택 양도소득세 특별조항에서 정작 중요한 부분을 놓치는 경우가 흔하다. 다음 2가지 정도만 확실히 알아두면 국민상식을 완벽히 습득할 수 있을 것이다.

첫 번째 주택을 취득하고 나서 1년 후 두 번째 주택을 매입해야 한다

많은 사람들이 기존 아파트의 거주기간과 상관없이 새로 이사 갈 아파트를 취득해서 이사한 후 3년 이내에 기존 아파트를 매도하면 일시적 1세대 2주택에 해당되는 것으로 알고 있다.

하지만 여기까지만 알고서 양도소득세 신고를 하지 않는다면 훗날 가산세까지 추가로 부과 받는 어처구니없는 상황이 발생한다. 정리하면 기존 집을 취득하고 1년 이상 지난 후 새로운 집을 취득할 것, 기존 집은 2년 이상 보유할 것, 새로운 집을 취득하고 3년 내에 기존 집을 매도할 것이라는 세 가지 요건을 갖추면 일시적 2주택으로 인정받을 수 있다.

일시적 1세대 2주택에서는 첫 번째와 두 번째 주택의 관계만 따진다

완벽한 일시적 1세대 2주택 조건을 충족했다면, 3년이라는 기간 내에 다른 아파트를 아무리 여러 번 매수 및 매도해도 여전히 그 효력이 유지된다.

　조금 더 쉽게 풀어서 알아보자. 기존에 살던 A아파트에 1년 이상 거주하고 B아파트를 매입해서 이사했다. 유예기간 3년 동안 단기 투자 목적으로 제3의 C아파트를 매수해서 1년간 보유하고 매도했다. 그리고 유예기간 3년이 종료되기 전에 기존에 살던 A아파트를 매도했다면, 일시적 1세대 2주택 효력을 그대로 인정받아 기존에 살던 A아파트는 양도소득세 비과세 혜택을 받을 수 있다.

　특히 이 내용은 일반인은 물론 현직 공인중개사들 중에서도 완벽하게 이해하고 있는 사람이 많지 않다. 이번 기회를 통해 이해해 두면 여러모로 도움이 될 것이다.

■ 일시적 1세대 2주택 요건 충족 예시

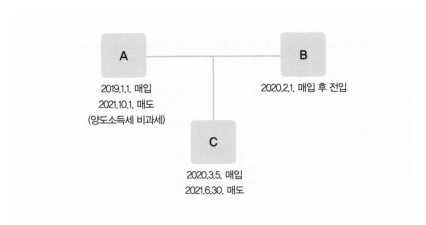

셈법이 복잡한
재개발 입주권과 아파트 분양권의
양도소득세

재개발 입주권과 아파트 분양권의 조금 특별한 양도소득세 셈법

전국 곳곳에서 재개발, 재건축, 신도시 조성 사업이 활발하게 진행 중이다. 그 덕분에 기존에 살고 있는 지역이 재개발 구역이 되면서 조합원 자격으로 재개발 입주권을 소유하거나, 원조합원으로부터 일정한 시기에 재개발 입주권을 매입해서 조합원 자격을 갖춘 사람들이 많다.

더욱이 강력한 규제 여파로 1순위 청약조건이 까다로워지면서 다주택자보다는 무주택자의 아파트 청약 당첨 확률이 상대적으로 높아짐에 따라 아파트 분양권을 소유한 실수요자들도 많은 실정이다.

처음에는 오로지 실수요 목적으로 재개발 입주권이나 아파트 분양권을 소유하게 되었지만, 살다 보면 초반 의도와는 상관없이 이를 매도하게 되는 경우가 생기기도 한다. 이 과정에서 재개발 입주권이나 아파트 분양권을 2년 이상 보유했음에도 양도소득세가 비과세되지 않는다는 사실에 뒤늦게 당황하는 경우가 흔하다.

재개발 입주권과 아파트 분양권은 하나의 권리에 불과하다

왜 재개발 입주권이나 아파트 분양권은 일반 주택과 양도소득세 체계가 다를까? 재개발 입주권과 아파트 분양권을 2년 이상 보유했음에도 양도소득세가 비과세되지 않는 이유는 입주권이나 분양권이 실체 없는 하나의 권리에 불과하기 때문이다.

반대로 생각해 보면, 양도소득세를 비과세 받으려면 재개발 입주권과 아파트 분양권이 권리에 불과한 상태에서 벗어나 실체가 있는 주택이 되어야만 한다.

재개발 입주권과 아파트 분양권이 어떤 조건을 갖추어야 양도소득세 비과세 혜택을 받을 수 있는지, 각 경우별로 양도소득세 체계와 비과세 되는 시점을 정리해 보자.

시점이 언제냐에 따라 비과세 여부가 달라진다

일반적인 재개발 입주권은 재개발 구역 내 주택만 소유하거나 주택과 토지를 함께 매입한 경우를 말한다. 이 경우에는 보유 면적에 상관없이 조합원 자격이 주어지며, 처음부터 지금까지 그리고 앞으로도 계속 주택이기 때문에 기본적인 주택 양도소득세 체계를 그대로 따른다. 쉽게 말해 보유 기간에 따라 주택의 양도소득세율 6~42% 구간을 그대로 적용하면 된다.

다만, 관리처분인가일 이후부터 준공 전까지는 비록 주택이지만 실체가 없는 권리에 불과하므로 비과세 혜택은 주지 않는다.

⌂ **알아두면 유용한 부동산 꿀팁**

재개발 사업진행 주요 절차
① 추진위원회 구성: 본격적인 사업의 근간이 될 조합설립을 위해 준비하는 단계이다.
② 조합설립인가: 본격적인 사업이 시작되는 단계이다.
③ 사업시행인가: 애초에 설계한 대로 사업을 진행해도 좋다고 승인 받는 단계이다.
④ 조합원 분양신청: 조합원의 동호수가 아니라 원하는 면적을 선택하는 단계이다. 조합원 분양 신청을 하지 않으면, 조합원 자격이 박탈되고 현금청산 대상자가 된다.
⑤ 관리처분인가: 사업구역 안에 있던 기존의 토지 또는 건물에 대한 권리를 재개발사업으로 새로 조성된 토지와 건물을 소유하는 권리로 변환하여 배분하는 단계이다.

그렇다면 왜 유독 관리처분인가일 이후부터 준공 전까지만 하나의 권리로 취급하는 것일까? 세법상 관점에서 바라보면 해답을 찾을 수 있다.

우리가 흔히 부동산 거래 현장에서 재개발 입주권이라고 부르는 것은 사업진행 단계와 상관없이 결국에는 신축 아파트에 입주할 수 있는 모든 상태의 부동산을 말한다. 감정평가 전 허름한 빌라 상태이든, 관리처분인가 후 이주 및 철거가 시작되어 덜렁 문서만 남아 있고 건물은 모두 허물어진 상태이든 모두 재개발 입주권이라고 부른다.

그러나 세법상 관점에서는 사업진행 단계에 따라 공식적으로 재개발 입주권이라고 부르는 기간이 있고, 나머지 기간에는 재개발 입주권으로 간주하지 않는다. 즉, 세법상 재개발 입주권으로 간주하는 시기는 관리처분인가일 이후부터 준공일 전까지이며, 이 기간에는 주택이 아니므로 비과세 혜택이 주어지지 않는다.

비과세 혜택 받으려면 준공일까지 기다려야

만약 무주택자가 재개발 입주권으로 비과세 혜택을 받기 원한다면 준공일까지 기다려야 한다.

준공되는 순간부터 실체가 있는 주택으로 간주되기 때문에 총 보유기간이 2년을 초과하면 아파트가 준공되는 시점부터 양도소득세가 비과세된다. 또한 관리처분인가일 이후에 매입한 재개발 입주권은 준공 후 2년동안 소유해야 비로소 비과세 혜택을 받을 수 있다.

정리하면 관리처분인가일 이전에 매입한 재개발 입주권의 보유기간계산 시 준공일까지 계산하여 비과세 여부를 판단하며, 관리처분인가일이후에 매입한 재개발 입주권의 경우에는 보유기간을 준공일부터 다시계산해서 비과세 여부를 판단한다.

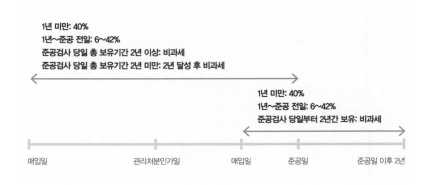

■ 일반적인 재개발 입주권 양도소득세 체계

1년 미만: 40%
1년~준공 전일: 6~42%
준공검사 당일 총 보유기간 2년 이상: 비과세
준공검사 당일 총 보유기간 2년 미만: 2년 달성 후 비과세

1년 미만: 40%
1년~준공 전일: 6~42%
준공검사 당일부터 2년간 보유: 비과세

매입일 관리처분인가일 매입일 준공일 준공일 이후 2년

토지만 소유했다면 관리처분인가일이 기준이다

재개발 사업의 경우 재건축과는 달리 토지만 소유해도 조합원 자격을 준다. 지목과 사업구역이 속한 지자체에 따라 면적의 차이는 있지만, 통상 사업 구역 내 90m² 이상 토지를 소유하고 있으면 조합원 자격을 받는다.

여러 필지의 합(20m²+30m²+40m²)이나, 면적 큰 필지를 여러 명이 공유 지분으로 소유할 때 개인 지분이 90m² 이상이어도 조합원 자격을 인정해 준다.

토지만 소유한 재개발 입주권의 양도소득세 체계를 이해하기 위해서는 먼저 토지와 주택의 기본 양도소득세 체계를 알아야 한다.

토지 매입 후 1년 이내에 매도하면 양도소득세율이 50%, 1~2년 사이에 매도하면 40%, 그 이후에 매도하면 6~42% 적용된다.

반면 1주택 보유자 기준으로 주택은 매입 후 1년 이내에 매도하면 양도 소득세율이 40%, 1~2년 사이에 매도하면 6~42% 적용되고 그 이후는 비과세가 된다. 그러나 토지만 소유한 재개발 입주권의 경우 어느 구간은 토지로, 어느 구간은 주택으로 보기 때문에 납부의무자들이 혼란을 겪기도 하는데 이 구간을 나누는 기준이 관리처분인가일이다.

관리처분인가일 1년 이후에 매도하자

토지만 소유한 재개발 입주권을 매입한 경우 언제부터 6~42% 구간에 들어갈까? 관리처분인가일 이후부터 주택으로 간주되므로, 관리처분인가일 이후 매도하는 시점에서 총 보유기간으로 판단한다.

토지만 소유한 재개발 입주권을 관리처분인가일 이후부터 주택으로 인정하는 이유
관리처분인가는 사업구역 안에 있던 기존의 토지 또는 건물에 대한 권리를 재개발, 재건축
사업으로 새로 조성된 토지와 건물을 소유하는 권리로 변환하여 배분하는 계획을 말한다.
사업구역 내에 토지만 소유해도 조합원 자격이 생기므로 결국 조합원은 별다른 사정이 없다
면 새 아파트에 입주하게 된다. 즉, 일정 면적 이상의 토지는 사업 종료 후 새 아파트에 들어
갈 권리를 받을 수 있는 쿠폰인 셈인데, 그 쿠폰과 새 아파트 교환권을 서로 교환하는 시기가
바로 관리처분인가일이라고 생각하면 이해가 쉬울 것이다.

    내용이 너무 어렵다면, 관리처분인가일 1년 후에 매도하면 무조건 양
도소득세율 6~42% 구간에 들어간다고 알면 된다.
    일반 재개발 입주권과 동일하게 총 보유기간이 2년을 초과하면 아파트
가 준공되는 시점부터 양도소득세가 비과세된다. 관리처분인가일 이후에
매입한 재개발 입주권도 동일하다.

■ **토지만 소유한 재개발 입주권 양도소득세 체계**

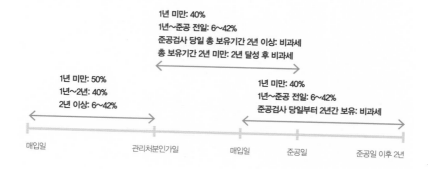

세법상 아파트 분양권은 주택으로 간주하지 않는다

아파트 분양권은 향후 실체가 있는 아파트가 될 것이지만, 아직은 하나의 권리에 불과하기 때문에 보유하는 동안에는 비주택으로 간주한다. 청약해서 아파트를 분양 받거나 분양권을 매입하는 경우 모두 분양권 자체를 보유한 총 기간에 따라 양도소득세가 부과된다. 따라서 분양권 하나만 소유하고 있을 경우 분양권을 소유한 뒤 1년 이내에 매도하면 50%, 1~2년 사이에 매도하면 40%, 2년을 초과하여 매도하면 6~42%의 양도소득세가 적용된다.

비과세 혜택은 준공일 이후부터 적용

분양권 상태에서는 양도소득세 비과세 혜택이 주어지지 않는다. 준공검사를 받고 아파트 분양권이 실체 있는 아파트가 된 이후 다시 매도할 때 1년 이내에 매도하면 40%, 1~2년 사이에 매도하면 6~42%, 2년을 초과한 이후 매도하면 주택과 같이 양도소득세를 비과세 받을 수 있다.

기본적으로 비주택으로 간주해서 양도소득세를 과세하지만, 준공일 이후부터는 주택의 세금체계를 따르며, 2년을 초과하면 비과세 혜택을 받을 수 있다.

■ 아파트 분양권 양도소득세 체계

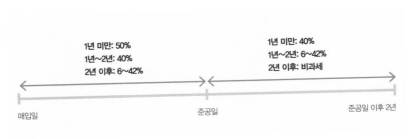

6부

아파트 임장 및
거래 현장의
필수 확인사항

6부에서는 아파트를 거래하기 위해 직접 임장 및 거래 현장을 발로 뛰며 얻은 지식들을 모았다. 전문성을 요하는 지식은 아니지만 직접 경험하지 못하면 알 수 없거나, 대충 보고 지나치기 쉬운 것들을 중점적으로 정리했다.

이 책에서 투자가치가 있다고 보는 아파트들은 대부분 교통이 좋지 않아 여러 번 임장을 가기 어려우므로, 사전에 꼼꼼하게 챙겨서 한 번에 임장을 끝내는 전략을 세울 필요가 있다.

아파트를 매입하면서 발생하는 여러 가지 문제들에 대한 나름의 해답도 추가로 제시해 두었으니, 주의 깊게 봐두면 많은 도움이 될 것이다.

일조제한 받는 층수는
어떻게 확인할까?

일조량 확인, 생각보다 훨씬 더 중요하다

일조제한과 관련해서 내게도 아픈 경험이 있다. 경기도 화성에 소재한 아파트였는데, 제법 애를 먹었던 기억이 있다. 당시 나는 주중, 주말 할 것 없이 낮에 시간을 빼기가 힘든 상황이었고, 당시 매물만 나오면 거래가 성사되던 때라 마음이 급했다. 그래서 해가 뉘엿뉘엿 넘어가는 저녁 무렵에 가서 집을 꼼꼼히 살피지 못한 채 권리관계만 확인한 후 급하게 계약을 체결했다.

매입한 지 1년 정도 되었을까? 세입자와 우연히 통화할 일이 있어서 사는 데 불편함은 없느냐고 물었더니, 해가 잘 들지 않아서 집 안이 늘 습하고 곰팡이로 인해 아이들에게 아토피가 생겨서 고생 중이라고 했다. 아니, 저층도 아니고 5층인데 해가 잘 들지 않는다니? 도무지 이해가 가지 않았다. 직접 눈으로 확인하지 않고서는 세입자의 말을 믿을 수 없어서 주말 낮에 시간을 내서 방문해 보았다.

아파트 내부에는 확실히 도배가 필요할 정도로 곰팡이가 피어 있었지만, 내부가 조금 어둡다는 느낌이 들 뿐 해가 잘 들지 않는다는 것은 크게 느끼지 못할 정도였다. 그러나 외부로 나가 보니 그 이유를 알 수 있었다.

같은 아파트 단지 내에서 동간 거리에는 큰 문제가 없었지만, 아파트 건물 바로 앞에 있는 작은 산이 아파트의 일조권을 제한하고 있었다. 아파트는 남동향이었는데 자세히 살펴보니 이 산에 막혀 하루 중 대부분 해가 잘 들지 않았고, 정오쯤 되어서야 반짝 햇살을 만날 수 있는 상황이었다. 당시 나는 세입자에게 미안하다는 말과 함께 70여만원을 들여 도배를 새로 해 주었다. 무엇보다 어린아이가 아토피로 고생하고 있다는 말에 어찌나 미안하던지…. 그때 이후 나는 아파트를 매입할 때 반드시 일조제한을 확인한다. 요령은 다음과 같다.

오후 1~2시에 일조량을 확인하자

내가 매입하고자 하는 아파트의 바로 앞 동 건물이나 산이 너무 가깝다고 느껴진다면, 해가 서쪽으로 넘어가기 시작하는 오후 1~2시에 바로 앞 동이나 동산을 등지고 내가 매입하려는 아파트를 정면으로 바라본다.

정오에는 방해물과 상관없이 거의 대부분의 기준층에 일조량이 확보되므로 큰 의미가 없지만, 해가 넘어가기 시작하는 오후 1~2시 사이에는 몇 층까지 안정적으로 일조량이 확보되는지 확인할 수 있다.

아파트 실거래가를 조회해 보면, 눈에 잘 보이지는 않지만 이렇게 큰 차이가 있음에도 기준층은 거의 같은 시세로 거래되는 것을 알 수 있다. 여기서 기준층은 저층과 탑층, 4층을 제외한 일반적인 층을 말한다. 통상 5층부터 탑층 바로 아래까지를 기준층으로 보며, 실거래가를 보면 일조와 상관 없이 해당 층들이 같은 가격대에 거래됨을 확인할 수 있다. 따라서 실제 일조량은 반드시 직접 현장에 방문해서 확인해야 한다.

앞 동에 가려 일조제한을 받는 모습

세입자와의 갈등은 줄이고, 환금성은 높이는 일조권

미리 일조권 확보 여부를 확인하지 않으면, 세입자와의 갈등도 갈등이지만 매도 시 내가 원하는 가격에 매도할 수 없는 상황이 발생한다. 즉, 환금성이 떨어지는 문제가 발생할 수도 있으므로 아파트 임장에서 충분한 일조량 확보 여부를 확인하는 것은 매우 중요하다.

요즘은 일반인도 많은 공부를 하고 아파트 투자에 나선다. 그만큼 꼼꼼하게 매물을 확인하고 매입하는 사람이 많아졌다. 투자의 성패는 결국 환금성이므로 이런 사소한 부분까지도 잘 챙겨서 내가 투자한 아파트를 내가 원하는 시기에, 원하는 가격으로 기분 좋게 매도할 수 있어야 한다.

수많은 중개사무소 중
옥석을 가리려면?

처음 맺은 인연을 계속 이어나가는 것이 중요하다

내가 투자한 아파트를 중개했던 중개사와는 가급적 꾸준히 연락하는 것이 좋다. 그 이유는 내가 원하는 정보도 얻을 수 있지만, 내가 투자한 아파트 주변 개발 진행과 관련된 새로운 소식을 수시로 알려주기 때문이다.

투자한 지역이 내가 사는 곳과 멀지 않다면, 간혹 시간을 내서 한 번씩 방문하는 것도 좋다. 새로운 세입자를 구할 때나 추가 매입계획이 생긴다면 다시 의뢰하겠다는 말을 곁들여 친밀감을 높이도록 하자.

내가 모르는 지역의 부동산을 찾을 때 더욱 효과적인 문자 메시지

내가 투자할 지역과 아파트를 정했다면, 포털사이트를 통해 현지 중개사무소에서 나온 매물이 있는지 확인한다. 보통 포털사이트에서 찾다보면 그 지역을 중심으로 최소 수 군데에서 수십 군데의 중개사무소가 검색되는데, 과연 이 많은 중개사들 중에서 누구를 선택해야 할지 판단이 잘 서지 않는다. 투자하려는 지역이 내가 잘 모르는 지역이라면 더욱 그렇다.

물론 가장 좋은 것은 일일이 방문해서 중개사들과 직접 대화를 나눠 보는 것이지만 시간상, 공간상 문제로 사실상 불가능하므로 나는 다음과 같은 방법을 활용한다.

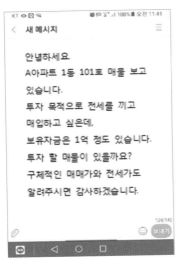

먼저 장문의 문자 메시지를 하나 작성한다. 내용은 간단한 인사부터 내가 본 매물의 간단한 정보, 매입하고자 하는 목적, 보유자금 등으로 채운다.

동일한 문자를 내가 찾아낸 중개사무소 대표번호로 모두 전송한다.

조금 기다리면 중개사들의 성향에 따라 아예 답이 없는 사람, 한참 뒤에 답이 오는 사람, 바로 답은 오지만 짤막하게 오는 사람, 내가 보낸 문자처럼 장문으로 꼼꼼하게 답변하는 사람, 문의 내용은 제대로 읽어 보지도 않고 다짜고짜 전화해서 다시 일일이 묻는 사람, 미리 문의내용을 파악한 다음 반드시 필요한 내용으로만 상담해 주는 사람 등 정말 반응도 천차만별이다.

이제 개인의 선호도에 맞게 선택하면 되는데, 나는 개인적으로 문자로 문의했다면 성의 있는 문자로 답변하고, 전화로 문의했다면 이후 매번 전화로 성의 있게 답변하는 중개사를 선택하는 편이다.

그 이유는 중개사 본인의 방식대로 상담하는 것이 아니라, 고객이 선호하는 방법을 존중한다는 상징적 의미가 있기 때문이다. 장문의 문자로 상담을 요청한 고객은 통화보다는 문자를 선호하고, 전화로 상담을 요청한 고객은 그 반대 성향일 가능성이 높은데 그에 맞춰 대응하는 것을 보면 중개사의 특성을 미루어 짐작할 수 있다.

좋은 매물만큼 중요한 좋은 공인중개사사무소

요즘 거래절벽 시대를 맞아 폐업하는 중개사무소가 점점 늘고 있다. 설사 내가 투자한 아파트를 중개했던 중개사무소가 폐업하더라도 3년간 업무보증설정을 유지하도록 법으로 정하고 있어서 중개사고에 대해 걱정할 것은 없지만, 만약 폐업했다면 생각보다 많은 것을 잃게 될 수도 있다.

폐업으로 연락이 끊기면 내가 거주하는 곳과 상당히 떨어진 곳의 아파트를 매입한 경우, 일상 업무가 바빠서 그 지역 개발이 어떻게 진행되고 있는지 소식을 수시로 접하기 힘들다. 그뿐만 아니라 하다못해 현금영수증을 하나 발급 받으려고 해도 폐업하고 나면 절차가 복잡해진다.

부동산 투자는 매입했다고 해서 모든 절차가 끝나는 것이 아니다. 믿을 수 있는 중개사를 통해 매입, 보유, 매도까지 투자 전반에 걸쳐 도움을 받을 수 있도록 해 두는 것이 중요하다.

나의 경험상 적어도 고객이 원하는 방식으로 성의 있게 상담을 진행하는 중개사는 매물 추천부터 계약을 마무리하는 과정도 깔끔하고, 폐업률 또한 낮아 꾸준히 나의 멘토가 되어 줄 가능성이 높다. **좋은 매물을 잡는 것 못지않게 좋은 중개사무소를 만나는 것도 중요하다는 것을 명심하자.**

도보거리
측정하는 방법

도보거리가 곧 환금성이다

투자 목적으로 아파트를 매입하기 위해서 필수로 확인해야 할 것 중 하나가 바로 도보거리이다. 아파트 투자에는 전세보증금이라는 지렛대가 필요한데, 전철역으로부터 거리가 너무 멀어서 교통이 불편하면 제때 세입자를 구하기 힘들다. 그러면 전세보증금을 낮춰야 하므로 결국 보유하는 동안 투자자금이 추가로 필요해지는 부작용이 발생하기도 한다.

이런 불편함과 더불어 역세권 아파트에 비해 거래도 빈번하지 않다 보니 적절한 시기에 매도하는 데 어려움을 겪을 우려도 있다. 도보거리 측정은 부동산 투자의 궁극적 목적인 환금성을 확보하는 첫걸음이다.

집에서도 쉽게 측정할 수 있는 도보거리

앞서 설명한 이론을 바탕으로 투자하기 적절한 신설 예정 역세권 주변을 선택했다면, 스스로 도보거리를 측정해서 내가 매입할 아파트의 후보군을 줄여 나가야 한다.

내가 아파트 투자를 막 시작하던 때만 해도 부동산 관련 정보를 얻을 수 있는 경로가 많지 않아서 중요한 정보는 대부분 현장에 가서 직접 확인하곤 했다. 그러나 현재는 도보거리 정도는 사무실이나 집에서 컴퓨터를 활용해 쉽게 확인이 가능하다. 방법은 다음과 같다. 다음지도(카카오맵)을 기준으로 함께 알아보자.

① '다음지도(카카오맵)'에서 아파트명을 검색한다

② 거리재기 아이콘을 클릭한다

검색하고자 하는 아파트의 이름을 검색하면 지도 위에 표시가 되는데, 다음지도(카카오맵)의 오른쪽 중간을 보면, '거리재기'라는 명칭의 줄자 모양 아이콘을 볼 수 있다. 이것을 클릭하면 마우스 커서가 줄자 아이콘으로 바뀐다.

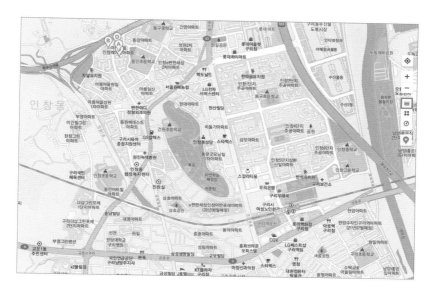

③ 역을 클릭한 다음 해당 아파트를 클릭한다

측정하고자 하는 출발지 역을 클릭하고, 도착지인 아파트까지 끌고 와서 마우스 버튼을 놓는다. 두 지점 간의 총거리와 도보 시간을 확인할 수 있다.

■ 다음지도(카카오맵)에서 측정한 도보거리

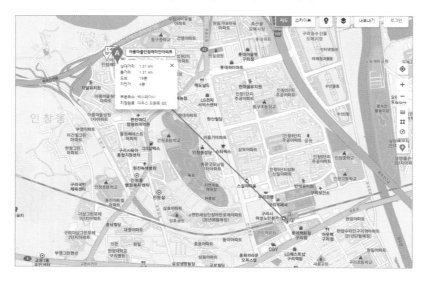

다음지도 외에 네이버지도로도 도보거리와 시간을 측정할 수 있다.

■ 네이버지도에서 측정한 도보거리

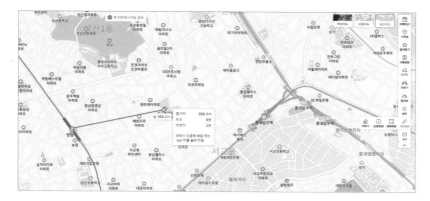

토지의 활용도가 한 눈에 보이는 지적편집도

카카오맵과 네이버지도 모두 부동산 정보를 확인하기에 충분하지만, 토지에 대한 지식이 있다면 네이버지도가 조금 더 유용하다. 지적편집도를 통해 주변 토지의 활용도나 향후 개발방향성 등을 가늠해 볼 수 있기 때문이다.

개인 선호도에 따라 차이는 있겠지만, 네이버지도가 색감이나 경계구분이 조금 더 명확하다.

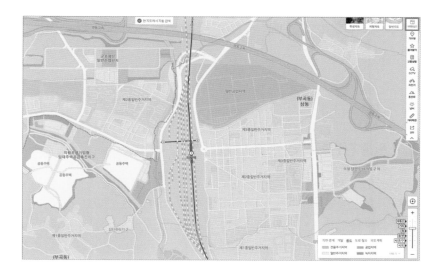

요즘은 누구나 스마트폰에 간단하게 앱을 다운 받아서 언제 어디서든 내가 원하는 부동산 정보를 확인할 수 있다. 앱스토어에서 다음지도나 네이버지도를 다운 받아 설치해 두고, 필요할 때마다 적절히 활용하면 좋을 것이다.

아파트를 매입할지
최종 판단이 서지 않는다면?

결국 최종 판단을 내리는 건 나 자신

아무리 좋은 공인중개사를 만났다고 할지라도, 매 순간 판단은 결국 투자자 스스로 해야 한다. 그 이유는 대부분의 공인중개사들이 거의 유사한 방법으로 고객을 응대하기 때문이다.

구조가 더 잘 빠진 아파트를 뒤에 보여 준다든지, 편의시설과 가까운 매물을 뒤에 보여 준다든지, 고객이 고민하고 있다면 당일에 계약서를 작성하도록 필요한 말로 설득한다든지 하는 것을 예로 들 수 있다. 물론 이런 방법들은 하나의 영업기법일 뿐 불법이거나 바람직하지 않은 행동은 아니다.

그러나 투자자라면 이런 영업기법을 따라가지 말고 다음과 같은 기준을 정해 놓는 것이 좋다.

기준을 미리 세워두자

투자목적으로 아파트를 매입하고자 하는 지역을 정하고 세부적인 조건을 따져서 범위도 좁혀 두었는데, 두 개 이상의 매물 중 어떤 것을 골라야 할지 판단이 서지 않는다면 되도록 나중에 본 아파트를 선택하는 것이 바람직하다. 그 이유는 후에 본 아파트가 더 좋은 매물일 확률이 높기 때문이다. 이는 부동산중개 영업 전략에서 기인한다.

만약 중개사무소에 접수된 2개 매물의 호가가 비슷한 수준인데, 어느한 매물이 도배 및 장판이 비교적 더 깨끗하거나 올수리한 물건이고 매도인 사정상 급하게 처분해야 하는 경우 등 비교우위에 있다면, 당연히 누가 보더라도 그 아파트를 먼저 계약하고자 할 것이다.

하지만 중개사무소 입장에서는 원활한 매물 소진을 위해 접수된 매물에 나름대로 등급을 정해놓고 등급이 낮은 매물부터 고객에게 소개한다. 그렇게 해서 마침 고객이 마음에 들어하면 계약이 성사되는 것이고, 마음에 들어하지 않으면 결국 남겨두었던 매물 중 가장 상태가 좋은 것을 추천해서 계약을 성사시킨다.

물론 모든 중개사무소가 그렇다는 것은 아니다. 그리고 이런 영업 전략을 비난할 이유도 전혀 없다. 마치 마트에서 재고를 원활하게 소진하기 위해 유통기한이 얼마 남지 않은 우유를 유통기한이 더 남은 우유보다 앞에 진열하는 것과 같다고 생각하면 된다. 유통기한의 차이가 있을 뿐 하자가 있는 것은 아니기 때문이다. 우리는 마트의 이런 생리를 잘 알고 있지만 누구도 비난하지 않는다.

스스로 만족할 때 계약하자

만약 조금이라도 석연찮거나 생각의 여지가 남는다면 성급하게 계약서를 작성하기보다는 다음으로 판단을 미루는 것이 좋다. 물론 그러면서 좋은 매물을 놓칠 수도 있지만, 투자 판단에 대한 책임은 투자자 본인이 지는 것이므로 투자자 스스로가 만족할 수 있는 상황에서 계약을 하는 것이 여러모로 좋다는 것이 나의 생각이다. 아파트 거래에는 최소한 몇 억이 오가다 보니 내 판단과는 별도로 머릿속이 편하지 않은 경우가 많다. 바로 판단을 내리기 힘들 때는 한발 물러서서 생각해 보면 마음가짐이 달라지기도 한다.

집에 대해 상세하게 말해주는 세입자에게 의견을 구하자

참고로 내가 현장에서 직접 경험한 팁을 한 가지 소개한다. 아파트를 매입하기 위해 실제로 매물을 보러 가면, 집주인이 직접 안내하는 경우도 있고 세입자가 안내하는 경우도 있다. 집주인은 내 물음에 비교적 객관적으로 답변하지만, 세입자는 제법 상세하게 주관을 섞어 답변하는 경우가 많다.

특히 세입자가 안내할 경우 염두에 두면 좋을 것은 아무래도 세입자의 주관적인 증언이 계약 성사에 영향을 줄 수도 있다 보니, 중개사들이 중간에서 부정적인 답변을 어느 정도는 차단하기도 한다는 것이다.

물론 담보하자 같은 중대한 사실을 중간에서 막지는 않는다. 훗날 분쟁의 대상이 될 경우 중개사 또한 책임을 면치 못하기 때문이다.

다만, 법적인 문제는 전혀 없으나 계약 성사에 영향을 줄 수도 있는 사소한 내용을 차단하는 경우가 종종 있으니, 보다 구체적인 이야기를 듣고 싶다면 현장에서는 중개사의 개입을 피해 세입자가 직접 설명하도록 하는 것도 좋다.

그밖에 거래 현장에서
확인할 사항

내가 실제로 현장에서 아파트를 거래하면서 경험한 사례들을 바탕으로 부수적으로 알아두어야 할 사항을 정리해 보았다.

세입자가 오래 살고 있다면 긍정적

전세를 끼고 아파트를 매입하는 경우라면 그 아파트를 중개하는 중개사에게 현 세입자가 몇 년째 거주 중인지 물어보는 것도 중요하다.

내가 현재 가족들과 거주 중인 아파트를 매입하던 당시에도 세입자가 있는 상태에서 인계 받았는데, 인근 초등학교 교감선생님이었던 세입자가 당시 6년째 거주 중이었다.

세입자가 6년씩이나 한 아파트에서 오래 거주했다는 것에서 별다른 문제가 없었다는 것을 짐작할 수 있었고, 실제 이 아파트에 입주해서 사는 동안 지금까지 아무런 불편함이 없었다.

그동안 투자 목적으로 매입한 아파트들만 봐도 세입자가 장기 거주 중인 아파트는 보유하는 동안 별다른 문제가 발생한 기억이 없다. 실거주든 투자 목적이든 크고 작은 시설 문제나 이웃 간에 문제가 발생하면, 투자 수익성을 떠나 그것만큼 골치 아픈 일이 없다.

계약할 때 실제 집주인이 맞는지 확인은 필수

아파트를 매입할 때 소유자를 사칭하는 경우가 빈번하니 주의해야 한다.

쉽게 말해 자기 소유의 아파트도 아니면서 마치 자기 소유인 것처럼 속여 몰래 계약금을 챙기는 수법인데, 소유자의 신분증을 위조하고 등기권리증은 중도금 날짜에 보여 주겠다며 차일피일 미루는 경우이다.

투자자가 반드시 기억해야 할 것은 아무리 중개사무소를 통해 소개 받은 매물이라고 할지라도, 중개사고가 발생하면 매수자에게도 상당 부분 책임이 있다고 판결이 나기 때문에 아파트를 거래할 때 위조된 신분증 진위 여부는 스스로 확인할 줄 알아야 한다는 것이다.

만약 스스로 확인하기 불편한 상황이라면 매도자에게 그 자리에서 양해를 구하고, 중개사에게 확인해 달라고 요청하면 된다.

신분증 진위 여부 확인

방법은 아주 간단하다. 매도자가 제시한 신분증의 주민등록번호와 발급일자를 확인하면 된다. 국번 없이 1382를 눌러 전화를 걸면 주민등록번호를 입력하라는 음성 메시지와 그다음으로 발급일자를 입력하라는 음성 메시지가 차례로 나온다.

2가지 정보를 입력하고 나면, 수십 초 뒤에 진위 여부를 조회해 주는데, 만약 주민등록번호와 발급일자가 일치하지 않는다는 음성이 들리면 100% 부동산 사기일 가능성이 크기 때문에 그에 맞는 조치를 적절히 취해야 한다.

운전면허증 진위 여부 확인

운전면허증 진위 여부 확인은 더욱 간단하다.

① 포털사이트에서 도로교통공단을 검색한다. 도로교통공단 홈페이지(www.koroad.or.kr)에서 오른쪽 하단의 '안전운전 통합민원'을 클릭한다.

② 전체메뉴를 클릭한다.

③ 운전면허 정보조회 → 면허증 진위여부 조회를 차례대로 클릭하면, 운전면허증 관련 정보를 넣어 진위 여부를 조회할 수 있는 창이 나온다.

매도자가 제시한 운전면허증을 토대로 매도자의 정보를 입력하고 조회하면, 공인인증서 없이도 간편하게 확인할 수 있다. 진위 여부 조회 결과 "암호일련번호가 일치합니다."라는 메시지가 보이면 매도자의 신분이 확실하다고 판단할 수 있다.

대리인이라면 위임장과 인감증명서 확인

다음으로 빈번한 것은 소유자는 매도할 의사가 없는데, 자식이나 친척이 자기가 대신 왔다며 매물을 접수하는 경우이다.

통상 실무에서는 중개사가 실제 소유자로 확인되는 사람에게 전화해서 실제로 매도할 의사가 있는지 확인하지만, 요즘은 이것마저도 미리 손을 써서 실제 소유자가 아니라 사기에 적극 가담한 제3자가 전화를 받는 경우도 흔하다.

따라서 이런 경우에는 위임장과 3개월 이내의 인감증명서가 반드시 있어야 한다. 위임장에도 매도 권한을 위임하는지, 매도뿐만 아니라 임대까지도 위임하는지가 명확해야 하며, 계약금 및 중도금, 잔금의 입금 계좌가 다르다면 그에 대해서도 상세하게 기술되어 있어야 한다.

인감증명서가 3개월을 단 하루라도 초과하거나 위임 권한의 범위가 애매하다면, 이 또한 부동산 사기에 악용될 여지가 있으니 투자자가 직접 챙기는 성의를 가져야 한다.

공동명의의 아파트 거래에는 명의자 모두 참석이 원칙이다

요즘은 양도소득세 때문에 부부가 공동명의로 아파트를 소유하는 경우가 많다.

공동명의의 아파트를 매매 시에는 계약 당일 공동명의자가 모두 출석해야 하며, 계약금부터 잔금까지 모두 공동명의자 각자의 계좌로 1/2씩 송금하는 것이 원칙이다. 그러나 매도자도 각자 생활이 있고 특히 부부 공동명의일 경우 남편이 직장 문제로 출석하지 않는 경우가 많으므로, 이때 역시 출석하지 못하는 쪽의 위임장과 3개월 이내의 인감증명서가 필요하다.

위임장에는 나머지 공유자의 권한 범위를 명시해야 하고, 계약금부터 잔금까지 통합해 수령한다는 내용 및 계좌번호를 명시해야 한다.

세입자와의 계약 변경 내용은 꼭 계약서에 남기자

아파트를 투자 목적으로 보유하려면 세입자의 전세보증금이 지렛대로서 반드시 필요하다. 임대차계약 기간 2년이 경과한 후에는 세입자가 바뀌는 것이 일반적이지만, 간혹 개인사정으로 기존 세입자가 몇 달 혹은 1년 이상 세부조건만 조금 변경하여 거주하는 경우도 있다.

이때 변경하는 조건을 구두로만 약속하거나 휴대폰의 문자메시지 등으로 보관하다가 분실하면, 이 또한 계약만기 시 분쟁의 소지가 된다.

이를 방지하기 위해 당사자 간 합의한 계약내용을 가까운 중개사무소에서 중개사의 조율하에 갱신하면 중개사가 어느 정도 법적 책임을 져준다. 이때 중개사무소에 따라 다르지만 적게는 3만원에서 많게는 10만원 정도를 수수한다.

경우에 따라서는 이 금액마저도 부담스러울 수 있으므로, 이럴 때는 다음과 같은 방법을 활용해 보자. 적당한 시간을 정해 임대차계약서를 들고 세입자와 만난다. 특약사항 여백에 한 사람이 자필로 당사자 간 합의한 내용을 상세히 기입하고, 합의한 날짜와 당사자 서명을 각각 한 후 각자 도장을 서명 뒤에 날인한다. 이 절차는 계약 당사자 간에 합의를 통해 성립된 민법상 엄연한 법률행위에 해당하므로 중개사의 도움을 받지 않더라도 법적 효력이 발생한다.

권 말 부 록

알면 도움 되는
아파트 투자
핵심 질문 20

아파트 일반 매매, 청약, 분양권 매매, 재개발 입주권 매매, 경매에 대해 내가 현장에서 실제로 받았던 질문들에 답하는 형식으로 핵심 질문 20개를 뽑아 보았다. 누구에게나 실질적인 도움이 될 수 있도록, 법률에 근거한 상투적인 답변은 최대한 배제하고 가급적 실무 관점에서 답하려 노력했다.

아파트를 거래하며 발생할 수 있는 주요 사례를 담아 두었으니, 몇 번 반복해서 읽어두면 아파트 매입, 보유, 매도 단계 전반에 걸쳐 많은 도움이 될 것이다.

Q 세입자에게 전세보증금을 돌려주려면 8,000만원을 추가로 대출 받아야 하는데 어떻게 해야 할까요?

3년 전 경기도에 투자 목적으로 매입해 둔 아파트가 한 채 있습니다. 세입자를 내보내고 저희가 입주하려고 하는데, 매입 당시보다 전세가가 하락하여 약 8,000만원을 추가로 대출 받아야 하는 상황입니다. 은행마다 금리도 다 다르고, 중개사들 이야기도 다 다르다 보니 어떤 상품을 어떻게 선택해야 할지 모르겠습니다.

A 담보대출은 주거래은행을 이용하기보다, 대출전문상담사를 통해 실시간으로 전국은행 대출 금리를 비교하는 것이 훨씬 효율적입니다.

포털사이트 검색창에 담보대출과 관련해 적당한 키워드로 검색하면 많은 대출상담사가 올린 글을 볼 수 있습니다. 그중 한 명을 선택해 대표전화로 내가 현재 보유한 부동산 내역을 상세히 제공하면, 현 시점에서 질문자님의 소재지와 가장 가까운 은행을 기준으로 가장 낮은 금리와 대출한도를 안내 받을 수 있습니다.

물론 실시간 안내이므로 조회 시점에 따라 안내 받는 은행과 지점 그리고 금리가 상이할 수 있다는 점을 참고하세요. 매우 유용한 방법이니 꼭 한번 활용해 보시기 바랍니다.

Q 프리미엄(P)은 왜 붙는 건가요?

재개발 조합원 입주권이나 아파트 분양권에 붙는 P는 어떻게 형성되나요?

A 재개발 입주권이나 분양권에 P가 형성되는 이유는 가격과 가치 사이에서 오는 오차를 보정하기 위해서입니다.

재개발 매물의 감정가와 아파트 분양권의 분양가는 변동하지 않으니 가격의 개념이고, 시세는 상황에 따라 변동되니 가치의 개념입니다. 그런데 재개발 입주권을 매입하거나 아파트 분양을 받아 놓고도, 준공되어 추후에 시장에서 거래되기 전까지 생기는 시간차 때문에 가격과 가치 사이에는 편차가 발생합니다.

따라서 P로 그 차이를 보정해주며, P값과 주변시세의 차이를 보고 매입 여부를 결정합니다. 이런 개념이다 보니 P가 무한정 오르지는 않습니다. 주변시세와 일반분양가의 차이를 보고 최대 P값을 예상할 수 있으며, 만약 개발호재로 인해 주변시세가 더욱 상승하면, 최대 P값 역시 자연스럽게 동반 상승합니다.

Q 세입자와 연장 계약 시, 상대방의 동의 없이 통화 내용을 녹음했다면 증거 가치가 없나요?

이번에 투자해 둔 아파트의 세입자와 연장계약에 합의하면서 임대료를 인상하지 않는 대신 별도의 조건을 약속 받아 놓은 것이 있었습니다. 그런데 막상 계약서를 갱신하려고 하니 자신은 그런 약속을 한 적이 없다며 적반하장으로 나오더군요. 당시 통화 내용을 녹음해 둔 것이 있는데, 상대방 동의 없이 녹음하는 것은 불법이라고 들은 것 같아서 증거로 내밀기가 부담스럽습니다.

A 반드시 계약서를 작성하지 않아도 구두 합의만으로도 계약은 성립하며 법적 효력이 있습니다.

문제는 구두로 합의한 내용을 증명할 수 있느냐인데, 당시 통화 내용을 녹음해 둔 것이 있으면 그 녹음파일을 증거로 활용하면 됩니다.

당사자 간 대화를 전혀 상관없는 제3자가 녹음하는 것이 불법이지, 나와 상대방이 나누는 대화를 내가 녹음하는 것은 법적으로 아무런 문제가 없습니다.

Q 계약금을 주고받지 않았다고 해서 마음대로 계약을 해지해도 되나요?

아파트를 매도하려고 내놨다가 아무래도 이건 아닌 것 같아서 다시 철회하려고 하는데 상황은 이렇습니다.

- 매수인이 집을 보고 감
- 집이 너무 마음에 든다며 바로 계약서를 작성함
- 매수인의 나이가 많아 인터넷뱅킹 활용이 어려우니, 다음 날 아침에 은행 문을 열자마자 계약금을 송금하겠다고 함
- 다음 날 마음이 바뀌었다며 어차피 계약금도 송금하지 않았으니, 깨끗하게 없었던 일로 하자고 함

정말 황당하네요. 이럴 경우 정말 아무 일도 없었던 일이 되나요?

A 아파트 매매계약의 법적 효력은 계약금을 주었다고 해서 성립하는 것이 아니라, 당사자 간에 합의하고 계약서를 작성하는 순간 발생합니다.

그 매수인이 뭔가 단단히 착각하고 있는 것 같습니다. 질문자님의 아파트를 중개한 중개사가 계약의 성립요건에 대해서 제대로 알려 주었을 텐데요?

계약금을 다음 날 송금하기로 한 것은 단순히 매수인의 입장을 배려해 준 것에 지나지 않으므로, 본 매매계약을 파기하고 싶으면 매수인은 당연히 매매대금의 10%에 해당하는 계약금을 위약금으로 매도인에게 주어야 합니다.

물론 매수인과 잘 이야기해서 적당한 선에서 합의하는 것이 가장 좋지만, 적반하장으로 나온다면 보통 요즘 아파트가 3억~4억 원씩 하니 10%만 해도 큰 금액이므로 사비를 들여 소송을 걸어도 충분히 괜찮을 것으로 보입니다.

Q 매도자가 미리 고지하지 않은 하자에 대해 어떻게 손해배상을 청구해야 할까요?

지난주에 아파트를 매입했습니다. 인테리어를 하기 전 미리 현장 방문해 봤더니 강화마루가 심각하게 손상된 것은 물론 보일러도 고장이 나 있었습니다. 아직 확인이 안 되었을 뿐 찾아보면 더 나올지도 모르겠습니다. 계약할 당시에는 아파트 하자에 대한 언급이 일체 없었는데, 이럴 때는 어떻게 해야 하나 싶어 여기저기 알아보니 매도일로부터 1년 이내에 손해배상 비슷한 걸 청구할 수 있다고 합니다. 이럴 때는 어떻게 대처해야 하나요?

A 매도인에게 하자담보책임을 물어 당연히 보상을 받을 수 있습니다. 그런데 실무적 관점에서 그 전에 확인해야 할 것이 있습니다.

혹시 시세보다 저렴하게 매입하지는 않으셨는지요? 시세보다 현저히 싸게 나온 매물이었거나 현저히 낮은 가격에 매입한 경우, 간단한 하자에 대해서는 따로 책임을 묻지 않고 수리비용을 상계 처리하는 것이 관례입니다. 예를 들어 시세보다 500만원 저렴하게 매입했는데 수리비가 200만원 나왔다면, 그냥 300만원 정도 저렴하게 매입했다고 생각하고 서로 합의하는 것입니다. 반면 적절한 시세로 거래했는데, 사전에 알려주지 않은 심각한 하자가 발견되었다면 그때는 실제로 책임을 묻기도 합니다.

해당 아파트를 중개한 중개사무소에 문의해 보세요. 소송으로 가면 매수인과 매도인 모두 힘들어지므로, 이런 경우는 적절한 선에서 당사자 간에 합의를 보는 것이 가장 좋습니다.

Q **적절한 아파트 매매시기를 어떻게 알 수 있을까요?**

아파트는 사는 것보다 파는 것이 더 중요하다고 하던데, 그 기준을 어디에다 두고 매매시기를 정해야 할지 모르겠습니다. 한 수 가르쳐 주시면 감사하겠습니다.

A **아파트뿐만 아니라 모든 부동산을 사고파는 데 적용할 수 있는 정말 좋은 질문입니다.**

다만 아파트는 다른 부동산에 비해 시세변동추이를 명확하게 알 수 있고 현재 매물 수, 호가 등을 수시로 확인할 수 있어서 나만의 매수 및 매도 타이밍을 설정하기에 훨씬 수월한 면이 있습니다.

일반적으로 사람의 심리가 아파트 시세가 하락하면 더 떨어질까봐 매수를 망설이고, 상승하면 더 오를까봐 매도하지 못하고 타이밍을 놓치곤 합니다. 이럴 때는 기준을 다음과 같이 두면 편리합니다.

만약 아파트 매수시기를 잡고자 한다면 매물 수가 현저히 줄어들고, 가장 낮은 호가보다 조금 높은 호가로 매물이 나오는 것이 확인될 때가 좋습니다.

반면 매도시기를 잡고자 한다면 매물 수가 현저히 늘어나고, 가장 높은 호가보다 최소 2,000만~3,000만원 낮게 급매라는 표현을 쓴 매물들이 많이 올라올 때가 좋습니다.

아파트 시세가 오를 것이라는 기대심리가 있으면 내놓았던 매물을 거두어들이고, 반대로 떨어질 것이라는 기대심리가 있으면 시세보다 훨씬 낮게라도 빨리 처분하려는 매물이 나오기 때문입니다.

Q 기존 1주택자도 청약통장으로 청약할 수 있나요? 또 일시적 1세대 2주택자가 되더라도 2년 안에 기존 1주택을 팔면 양도소득세가 면제되는지요?

제 명의로 된 노후 아파트에 살고 있는데 조만간 처분하고 신축 아파트로 가려고 합니다. 청약통장이 있지만 이미 제 소유의 아파트가 있는 터라 청약이 될까요? 안 된다면 추후 분양권을 매입해서 입주할 경우 제 명의 아파트가 2채가 되는데, 2년 후에 오래된 아파트를 처분하면 양도소득세가 없는지 궁금합니다. 요즘 아파트가 잘 안 팔려 고민입니다. 현재 사는 곳은 조정대상지역은 아닙니다.

A 기존 주택을 처분한다는 각서를 쓴다면 무주택자뿐만 아니라 1주택자까지 일반지역은 물론이고, 조정대상지역에서도 1순위 청약이 가능합니다.

다만, 가점제에 필요한 점수를 덜 받게 되고 추첨제는 통상 가점제에 비해 비율이 낮기 때문에 당첨 확률이 낮아질 뿐 청약 자체는 가능합니다.

일시적 1세대 2주택자가 기존 주택을 매입한 지 1년이 지난 상태에서 2번째 주택(분양권 포함)을 매입하고, 매입한 날로부터 3년 이내(비조정대상지역)에 기존 주택을 매도하면 비과세 혜택을 받을 수 있습니다.

Q 전세기간이 아직 남았지만 집값이 계속 올라 미리 사두려고 합니다. 순수 현금은 4,000만원인데 좋은 전략이 없을까요?

현재 경기도 한 아파트에서 2억 원에 전세로 살고 있는데, 시세가 3억 5,000만원 정도 되는 다른 아파트를 매입하려고 합니다. 전세 만기까지 1년여가 남았지만 기다리는 동안 시세가 계속 오를 것 같아서 미리 사두고 싶습니다. 현재 그 집에는 세입자가 전세 2억 5,000에 전세로 살고 있고, 제가 보유한 순수 현금은 4,000만원 정도 됩니다. 제 연봉은 대략 4,000만원이 조금 넘고요.

기왕 이렇게 된 거, 미리 사두었다가 실제로 입주하면서 그동안 오른 투자효과까지 같이 보고 싶습니다. 좋은 전략이 없을까요? 지역은 조정대상지역입니다.

A 전세로 살던 사람이 처음으로 집을 마련하면서 겪는 아주 현실적인 문제입니다.

아직 전세기간은 남아있는데 지금이 적절한 매입시기라고 판단할 때 발생하는 경우인데요. 이 경우에는 말씀하신 것처럼 투자 효과와 실입주를 동시에 만족할 수 있습니다.

우선 이 아파트를 매입하기 위해서는 현 세입자의 전세금과 시세 간 갭 차이인 1억 원이 필요합니다. 그런데 보유자금이 4,000만원밖에 없다고 하셨으니, 가장 현실적인 방법은 일시적으로 신용대출을 이용하는 것입니다. 신용대출은 대출상담사가 아닌 질문자님 주거래은행에서 주택 보유수에 상관없이 오로지 내 연봉의 최대 150%까지 받을 수 있습니다.

연봉이 4,000만원 정도라고 하셨으니 최대 6,000만원까지는 나오며, 이 자금을 합쳐서 일단 소유권을 넘겨받습니다. 현 시점에서는 통상 신용대출 금리가 3% 중반 정도이니, 남은 전세기간에 이자만 상환하는 형식으로 대출을 받습니다. 대략한 달에 20만원 이내로 나올 것입니다.

그 후 1년이 지나 전세가 만기 되면 전세보증금 2억 원을 찾아서 현 세입자에게 주고, 입주할 집 담보로 1억 1,000만원을 추가로 대출 받습니다. 조정대상지역에 1주택자라 1금융권에서 50%까지 대출이 가능할 테니, 1억 1,000만원을 대출 받는 것은 큰 문제가 되지 않을 것입니다. 그중에서 5,000만원은 세입자에게 돌려주고, 6,000만원으로는 신용대출을 대환한 뒤 금리가 더 낮은 담보대출로 전환하면 됩니다.

만약 매입한 아파트에 투자가치가 있다면, 1년이 지난 시점에는 대략 4,000만 ~5,000만원은 올라 있을 것이므로, 결국 4억 원 상당의 아파트에 담보대출 1억 1,000만원만 설정된 상태가 됩니다.

Q 전세계약 만료 시점을 놓쳤다면, 전세시세가 5,000만원이나 올랐는데도 이전 조건으로 계약해야 하나요?

이번 달에 현 세입자와 계약을 연장해야 합니다. 최소 계약 만료 1개월 전에는 변경된 조건을 제시해야 한다는데 바빠서 그만 그 시기를 놓쳐 버렸습니다. 전세시세가 5,000만원이나 올랐는데, 어쩔 도리 없이 이전 조건으로 계약해야 하나요?

A 잘 알다시피 법적으로는 전세계약 만료 전 1~6개월 사이에 임대인이 변경된 조건을 임차인에게 통보해야 그 조건이 그대로 적용됩니다.

임대인은 오른 시세만큼 요구할 수도 있고, 임차인이 그 조건을 충족하지 못할 경우 자유의사에 따라 계약을 종료할 수도 있습니다.

그러나 질문하신 것처럼 법에서 정한 기간을 놓쳤을 경우 대부분이 꼼짝없이 한 푼도 임대료를 인상하지 못한 채 2년을 기다려야 하는 줄로 알지만, 꼭 그렇지는 않습니다. 법으로 정한 기간을 초과하더라도 기존 임대료의 최대 5%까지는 인상할 수 있습니다.

다만 대법원 판례를 보면, 본 질문과 같은 경우 계약 기간 중에 임대료를 올리는 경우에 해당되어 5%까지 인상이 가능하지만 임차인이 받아들일 수 없다고 나오면 결국 소송으로 시시비비를 가려야 합니다.

이럴 경우 제 개인 의견으로는 월세도 아니고 언젠가는 돌려주어야 할 전세보증금 5%를 더 받겠다고 사비를 들여 소송까지 가는 것이 과연 의미가 있을까 싶습니다.

계약갱신 내용을 명확하게 하고, 임차인과 원만한 합의에 이르는 것 또한 임대인의 중대한 의무라고 봅니다.

Q 입지 좋은 곳에 있는 빌라 투자는 어떻게 생각하시나요?

다들 빌라는 사는 거 아니다, 빌라는 사는 순간 가격이 떨어질 일만 남았다고들 합니다. 하지만 입지 좋은 곳의 빌라라면 다를 것 같은데, 어떻게 생각하시나요?

A **부동산 시세를 변동하게 만드는 요인 중 하나는 일정한 공급에 꾸준한 수요가 받쳐 주는 것입니다.**

거의 동일한 입지이지만 세대수가 많은 아파트는 그 일대 시세상승을 주도하고, 나 홀로 아파트는 시세상승이 느린 것이 일반적입니다. 그 이유는 세대수가 큰 아파트는 기본 이상의 수요가 꾸준히 있지만, 나 홀로 아파트는 세대수가 많지 않아 거래량 자체가 적기 때문입니다.

하물며 세대수가 더 적고 관리도 힘든 빌라는 어떨까요? 조합원 자격이 주어지는 재개발구역에 속한 빌라가 아니라면 개인적으로 추천하고 싶지는 않습니다.

Q 세입자에게 보일러를 교체해 주기로 하고 계약했으나 당장 교체할 필요가 없어서 이를 없던 일로 할 경우, 전세계약을 파기할 만한 사유가 되나요?

한 신혼부부가 제가 투자한 아파트에 전세계약을 했는데 계약서의 특약사항에 "임대인은 임차인이 입주하기 전날까지 보일러를 교체해 주기로 한다."라는 내용을 넣었습니다. 그런데 보일러 전문가를 대동해 보일러 상태를 점검해 보았더니, 아직 교체할 필요는 없고 지금 수리해 두면 2~3년은 충분히 더 쓸 수 있다고 했습니다. 이에 임차인으로 들어올 신혼부부에게 이와 같이 알려주며 보일러 교체는 일단 없던 일로 하고, 고장이 나면 그때 가서 교체해 주겠다고 했더니 계약 위반이라며 계약을 파기하자고 합니다. 물론 제가 일방적으로 특약사항을 어긴 것이긴 하지만, 이게 계약 자체를 파기할 만큼 큰일인가요?

A 물론 임대인이 잘못한 것은 맞지만, 이 특약사항을 이행하지 않았다는 이유만으로는 계약파기가 불가능할 것으로 보입니다.

그 이유는 이 특약사항은 계약 성립 요건이 아니라 단순 특약사항일 뿐이기 때문입니다.

제가 보기에 계약파기까지 기대하려면, 특약내용을 "보일러를 교체해 주지 않으면, 본 계약은 성립하지 않는 것으로 한다." 정도로 명확하게 해두었어야 합니다.

만약 특약사항을 계약 성립 요건으로 넣어 두었다면 미이행 시 바로 계약을 해지할 수 있지만, 단순 특약사항으로 넣어 두었을 경우에는 계약 성립 자체에 아무런 하자가 없으므로 차후 문제가 발생하면 손해배상을 청구할 수 있는 구실 정도로만 활용할 수 있습니다.

임대인의 명백한 잘못이기는 하나 멀쩡한 보일러를 교체하는 것도 비효율적이니, 잘 협의하여 적당히 보상해 주는 쪽으로 마무리하는 것이 좋을 것으로 보입니다.

Q **재개발 조합원 입주권을 거래해도 안전할까요?**

자녀 학교 문제 때문에 이사를 생각하고 있고, ○○ 2구역의 조합원 입주권을 거래할 수 있다는 것을 알게 되었습니다. 이 조합원 입주권의 경우 P가 대략 1억 이상 붙어서 거래되고 있는데, 입주권이라는 것을 매입해도 괜찮은지 궁금합니다.

A **재개발 조합원 입주권은 안정적이고 안전한 투자 방식입니다.**

제가 부동산을 한참 배울 때도 그랬고 지금의 신념도 그렇지만, 재개발 입주권 투자는 주식이나 가상화폐처럼 높은 불확실성을 안고 투자하는 것이 아니라, 객관적인 지표를 바탕으로 수익성을 확실히 계산해서 들어가는 안정적인 투자방법입니다.

다만, 사업초기에는 구역지정 자체가 해제될 위험이 있으므로 신중해야 합니다. 그러나 이미 조합설립 이상 사업이 진행되었다면 시간 문제일 뿐 큰 위험은 없다고 봅니다.

사람들이 재개발 입주권 투자를 망설이는 이유는 여러 가지이지만, 가장 큰 이유는 정확한 수익성 분석이 불가능해서 입주권에 붙어있는 P가 터무니없이 비싸게 느껴지기 때문입니다. '과연 이 P를 주고 사서 남는 것이 있을까? 손해 보는 것은 아닐까?' 하는 두려움 때문이지요.

조합원 분양가, 일반 분양가, 주변시세, 예상준공일 등 객관적인 지표만 확실하다면 쉽게 수익성을 분석할 수 있습니다. 수익성만 확실하다면, 크게 걱정하지 않으셔도 될 것으로 보입니다.

Q 전세계약 만기 전이라도 퇴거 의사를 통보하면 3개월 뒤 임차인이 마음대로 나갈 수 있나요?

투자 중인 아파트에 현 임차인과 2018년 9월 3일에 임대기간을 2년으로 하여 전세계약을 체결했습니다. 그런데 아직 임대차계약 만료까지 1년여가 남은 시점에서 임차인의 사정으로 3개월 후에 전세보증금을 돌려주었으면 좋겠다는 연락을 받았습니다.

사정은 딱하지만 중간에 임차인이 나가면 저에게도 부담이 되니, 그때까지 새 임차인을 구해 보고 결정하자고 통보했습니다. 그런데 3개월이 지나도 새 임차인을 구하지 못해서 없었던 일로 하자고 했더니, 다짜고짜 나가겠다고 통보했으면 3개월 뒤에 효력이 발생하니까 자신은 나가겠다고 합니다. 이게 맞는 말인가요?

A **본 질문 내용은 임차인들이 묵시적 갱신과 혼동하는 경우에 해당합니다.**

묵시적 갱신, 즉 별도의 계약서 작성 없이 동일한 임대조건으로 자동으로 계약이 연장되는 경우가 보편화하다 보니, 임차인이 언제라도 나가겠다고 미리 통보하면 3개월 뒤에 효력이 발생하는 줄 아는 경우가 많습니다.

만약 묵시적 갱신 상태라면 임대인 입장에서는 통보 받은 날로부터 3개월 후에 전세보증금을 돌려주어야 하지만, 정식 계약기간에 이와 같은 통보를 받은 것이라면 임대인에게는 전세보증금을 돌려줄 의무가 없습니다.

오히려 엄연한 계약기간 내에 임차인이 막무가내로 나가려는 경우이므로, 중간에 발생하는 각종 수수료 및 경비도 모두 임차인이 부담하는 것이 관례처럼 되어 있습니다. 더욱이 임차인이 이 모든 경우를 다 감수하면서까지 나가려고 해도 결국 임대인이 허락해 주지 않으면 그만입니다. 임차인이 많이 잘못하고 있는 상황이므로, 질문자님께서는 전혀 걱정하지 않으셔도 됩니다.

Q. 다주택자라면 별 이점이 없는 듯하니 청약통장을 해지하는 게 나을까요?

현재 살고 있는 아파트와 투자 목적의 아파트까지 총 2채를 보유하고 있습니다. 그런데 요즘은 괜찮은 곳에 추가로 청약을 넣어보려고 해도 이미 다주택자인 데다 괜찮은 아파트는 모두 규제로 묶여 있다 보니, 청약 자체가 불가능한 경우가 거의 대부분입니다. 이제 다주택자에게는 청약통장이 별 쓸모가 없어진 것 같은데, 목돈을 묶어 두느니 차라리 해지하는 것이 나을까요?

A. 저는 실무에서 이런 질문을 받으면 그래도 청약통장은 계속 유지하시라고 권합니다. 그 이유는 영원한 정책은 없기 때문입니다.

투자자와 정책 중 어느 쪽이 더 오래갈 것 같으신가요? 정책은 정권이 일정한 주기로 바뀔 때마다 변하기도 하고, 시장 흐름에 따라 변경되기도 합니다. 하지만 투자자는 시장 흐름에 따라 아이템만 바뀔 뿐 언제나 존재하죠.

현재 전국적으로 경중을 두고 적용되는 부동산 규제는 비록 표면적인 집값은 잡았지만, 본래 의도한 목적과는 달리 애먼 임차인과 실수요자가 피해를 보는 심각한 부작용을 낳고 있습니다. 지금도 곳곳에서 규제를 풀어야 한다는 목소리가 높으며, 이런 분위기가 지속되면 적어도 다음 정권에서는 규제가 완화될 가능성이 높습니다.

잘 아시다시피 청약통장은 17점을 최고점으로 오래될수록 가점이 높아집니다. 당장 효용성이 없다고 해서 섣불리 청약통장을 해지하는 우를 범하기보다는, 현재 투자자 입장에서 청약통장을 활용할 기회가 딱히 보이지 않더라도 꾸준히 유지하면서 가점을 차곡차곡 높일 필요가 있습니다.

무주택자 상태에서 이번에 특별공급이나 일반청약을 통해 분양권 및 아파트를 소유하고 계신 분들도 마찬가지입니다. 이제 주택을 소유한 상태가 되었고 전체 청약가점이 당첨 이전에 비해 대폭 낮아졌더라도 지금 당장 청약통장을 다시 만들 필요가 있습니다.

누군가가 저에게 "청약통장은 언제 가입하는 것이 좋습니까?"라고 질문한다면, 그때가 언제든 "지금 당장 하십시오."라고 대답할 것 같습니다.

Q 계약이 완료되지 않으면 중개수수료를 안 줘도 되나요?

투자 목적으로 6년간 보유하던 아파트를 매도하려고 합니다. 얼마 전 매수의사가 있는 사람이 나타나 조건도 잘 합의가 되었습니다. 그런데 중도금까지 지불한 상황에서 돌연 이 사람이 잔금을 지급할 여력이 안 된다며, 계약을 없었던 일로 하면 좋겠다고 사정을 했습니다. 그 사람이 너무 안됐기도 하고 적당한 보상도 해주어서 사람 하나 살리는 셈 치고 원만히 해결했는데, 갑자기 중개사가 중개보수를 내라고 하네요? 계약이 이루어진 것도 아닌데….

A 결론부터 말씀드리면 중개사의 잘못으로 인한 계약파기가 아닐 경우 중개보수를 주는 것이 원칙입니다.

질문 내용 중 "계약이 이루어진 것도 아닌데…."라고 하셨는데, 파기 여부와 상관없이 계약서를 작성한 사실만으로도 이미 계약이 이루어진 것으로 봐야 합니다. 만약 중개사의 중대한 잘못으로 인해 계약이 파기되었다면 중개보수를 못 받는 것은 물론, 오히려 손해를 입힌 부분에 대한 손해배상을 받아야 마땅합니다. 그러나 그렇지 않다면 계약 자체를 성사시킨 중개사에게 중개보수를 지급하는 것은 지극히 당연합니다.

다만, 이런 부분은 중개사 재량으로 결정할 수 있는 부분이어서 여러 중개사무소를 돌아보면 아예 한쪽 벽면에 "본 사무소는 거래가 완료되지 않으면 중개보수를 수수하지 않습니다."라는 문구를 써 붙여 놓은 곳도 흔히 볼 수 있습니다.

경쟁이 날로 치열해지다 보니 책임 있게 끝까지 중개를 마무리한 후 보수를 받겠다는 나름의 다짐으로 보시면 되겠습니다.

16

Q 법무사 등기 대행 수수료를 아낄 방법이 있을까요?

아파트를 거래할 때마다 드는 생각인데, 법무사 등기 대행 수수료가 너무 비싼 것 같아요. 좋은 방법이 없을까요?

A **현재 우리나라에서 중개사무소를 운영하는 공인중개사는 거의 대부분 협업이 필요한 업종들과 업무 연계를 맺고 있습니다.**

법무사는 부동산 거래 시 반드시 필요한 절차인 부동산 등기를 대행해 줍니다. 법무사사무소 역시 지역 중개사무소와 연계하여 등기를 대행해 주고, 일정 부분 수수료를 공인중개사와 나누어 갖는 방식으로 협약을 맺고 있습니다.

이런 방식으로 진행하다 보니, 아파트 거래 당사자가 별다른 의사를 표시하지 않으면 중개사무소와 연계된 법무사가 자연스럽게 등기 업무를 대행하게 됩니다. 만약 그 법무사의 등기 대행 수수료가 비싸다고 생각이 들면, 당연히 아파트 매수자가 법무사를 섭외할 수도 있습니다. 그때는 매수자가 법무사를 섭외하겠다고 공인중개사에게 미리 통보하면 됩니다.

포털사이트에 부동산 등기 관련된 키워드로 검색해 보면 여러 법무사사무소에서 올린 글을 볼 수 있습니다. 요즘은 법무사사무소마다 홈페이지에서 수수료 견적을 즉석으로 받아볼 수 있도록 해둡니다. 시간이 허락하는 한 최대한 많은 곳을 비교한 뒤 마음에 드는 곳을 선택하고 약속시간을 잡으면, 법무사 혹은 사무장이 질문자님보다 훨씬 먼저 와서 대기하고 있을 것입니다.

Q 경매가 진행 중인 아파트를 모르고 매입했습니다. 혹시라도 골치 아픈 일이 생기는 건 아닐까요?

아래와 같은 과정으로 현재 매수자가 아파트에 거주 중입니다.

2018년 8월 3일	부동산 매매계약
2018년 10월 20일	(매수자에게) 소유권이전등기
2018년 10월 13일	경매개시판결
2018년 10월 14일	경매개시결정등기

물론 매수자는 채무자 본인이 아니라 정상적으로 매입한 사람입니다. 다만, 채무자가 매매대금으로 채무변제를 하지 않아서 경매 절차가 계속 실행되었고요. 매매 당시 경매개시결정등기가 안 되어 매수자는 물론 공인중개사도 알 수 없었을 겁니다.

이럴 경우 경매개시판결보다 매매계약이 앞서 있지만, 매매로 인한 소유권이전등기가 경매개시등기보다 늦으므로 만약 낙찰을 받는다면 낙찰자가 소유권을 가져갈 수 있을까요? 아니면 등기원인인 계약이 더 빠르고, 선의의 제3자에게 대항하지 못하므로 낙찰 받아도 소유권을 가져갈 수 없는 건가요? 정말 궁금합니다.

A 경매절차가 진행 중인 아파트가 일반매매로 전환되는 경우에는 먼저 채무자를 통해 경매를 취하한 다음, 매매대금으로 채무를 변제함으로써 절차를 마무리하는 것이 일반적입니다.

누군가가 매수자를 의도적으로 기만할 목적으로 만든 상황이 아니고서는 실제로 이런 일은 자주 일어나지 않습니다. 하지만 질문을 주셨으니 답해드리겠습니다.

경매개시결정등기가 먼저 되어 있는 상태에서 소유권이전등기가 되었다면, 매매를 통해 소유권을 이전 받은 사람은 권리를 보호받지 못합니다.

소유권은 당연히 낙찰자에게로 넘어가고, 매매를 통한 매수자가 진정한 선의의 소유자라면 전 소유자를 상대로 부당이득반환소송을 해서 거래대금을 받아내야 합니다.

그러나 부당이득반환소송에서 승소하더라도 전 소유자가 거래대금으로 다른 부동산을 매입했거나 현금을 사용했다면 또 다른 절차가 필요하므로 실무에서 시간과 비용이 많이 소요됩니다. 따라서 선의의 매수인 입장에서는 여러모로 상당한 손실을 입게 될 것입니다.

Q 경매에서 대항력 없는 임차인에게 신경 쓰지 않아도 되나요?

평소 투자 목적으로 관심을 갖고 지켜보던 단지에서 마침 소형아파트 하나가 경매로 나왔습니다. 입찰해 보고 싶은데요. 근저당 ○○ 은행이 임차인보다 선순위이고 임차인이 배당요구를 했다면, 낙찰 받은 후에 임차인의 전세보증금은 신경 쓰지 않아도 되는 건가요?

A 임차인이 후순위이면서 배당요구를 한 것으로 봐서는 조금이라도 보증금을 찾고자 하는 의도인 것 같습니다.

이 아파트의 감정가가 얼마나 되고 얼마에 낙찰될지는 모르겠지만, 임차인이 배당요구를 했든 안 했든 낙찰자가 신경 쓸 것은 없습니다.

임차인이 만약 전세보증금 일부를 배당받지 못했다고 해도, 나머지 채권은 전 소유자의 다른 재산에 대해 가압류를 하든지 그 후에 당사자들끼리 알아서 할 문제입니다. 1순위 근저당권 이후로 모든 권리는 소멸되므로 질문자님은 걱정하지 않으셔도 됩니다.

다만 투자가치가 있는 아파트라면 지난 8년간 시세가 상당히 올라서 최고가매수액에 여유가 있을 것 같지만, 채무자의 세금 미납 등의 사유가 선순위 권리가 되어 임차인이 일정 부분 전세보증금을 배당받지 못할 수도 있습니다.

이럴 경우 앞에서 언급한 전 소유자와의 채무관계와는 별도로 명도 과정에서 임차인이 비협조적으로 나올 수 있으므로, 비교적 만족스러운 수준으로 낙찰 받으셨다면 명도비용을 넉넉하게 챙겨주는 것도 미덕일 것입니다.

Q 매달 일정 금액을 6개월 이상 넣었을 때만 청약통장을 사용할 수 있나요?

결혼 5년차, 자녀는 2명, 청약통장은 7년 정도 되었습니다. 이번에 신혼부부 특별 공급으로 청약하려고 하는데요. 청약통장에 300만원 이상 들어 있고 납입한 지 6개월만 지나면 된다고 알고 있었는데, 들리는 말로는 매달 일정 금액을 6개월 이상 꾸준히 넣어야만 사용할 수 있다고 합니다. 어떤 말이 맞는 건가요?

A 공급 주체가 어떻게 되느냐, 청약하고자 하는 아파트가 어떤 규제를 받느냐에 따라 차이가 있습니다.

먼저 매달 일정 금액을 납입해야 청약이 가능한 아파트는 공공분양일 경우에만 해당하며, 민간분양에는 해당하지 않습니다.

우리가 흔히 알고 있는 민간건설사가 지은 민간분양 아파트는 납입횟수와 상관 없이, 가입기간과 총 예치금액만 충족하면 청약통장을 사용할 수 있습니다. 따라 서 기본적인 가입기간만 충족하면 부족한 예치금은 청약통장을 활용하는 시기에 맞춰서 채워 넣기만 하면 됩니다.

다만, 수익성이 좋은 아파트는 대부분 조정대상지역으로 묶여 있기 때문에 청약 시 1년 이상 해당 지역에 거주해야 하며, 청약통장도 최소한 24개월 이상 유지해 야 합니다.

Q 아파트 분양권 매입 후 전세보증금으로 나머지를 충당하려고 할 때, 언제쯤 전세로 내놔야 할까요?

내년에 완공 예정인 아파트 분양권을 매입했습니다. 전세 임차인을 구해서 30%의 잔금과 60%의 중도금을 완납(근저당 말소 개념으로)하고자 합니다. 여기서 질문이 있습니다. 내년 완공인데 부동산에 언제 말해야 할까요? 입주 시기가 가까워지면서 아파트 가격이 계속 오르고 있어서 전세금도 출렁이는 것 같습니다. 중개사무소에 전세 매물로 올려두기에 언제쯤이 좋을까요?

A 임차인을 언제부터 구하는 것이 좋은지에 기준이 따로 정해져 있는 것은 아닙니다.

전체적인 시장 분위기를 보고 정하는데, 만약 질문자님 말씀처럼 주변에서 관심이 높아 전체적인 시세가 점점 오르고 있다면 입주 3개월 전쯤부터 중개사무소에 이야기해 놓는 것이 좋을 것 같습니다.

너무 일찍 내놓으면 정작 입주할 때 시세와 매물을 내놓을 당시 시세 사이에 괴리가 발생해 거래가 원활하게 이루어지지 않을 확률이 있고, 입주날짜에 너무 임박해서 내놓으면 실제 입주날짜까지 임차인을 구하지 못할 수도 있기 때문입니다.

한 가지 팁을 드리자면, 시세가 급변하는 분위기일 때는 임대인과 임차인의 생각 차이가 커서 계약이 많이 파기되곤 합니다. 따라서 분양권 상태에서 입주날짜에 임차인을 구하지 못하면 리스크가 크므로, 계약금 비율을 20%로 해 두는 것도 좋습니다.

계약금이 커지면 위약금도 커져서 계약이 파기될 확률이 현저히 줄어드는 효과가 있습니다.

반드시 자신이 감당할 수 있는
능력 안에서 투자하라

지금까지 이 책을 통해 거시적인 관점에서 개발호재의 타당성을 바탕으로 투자할 지역을 선별하고, 미시적으로 점점 관점을 좁혀 결국 내가 투자하고자 하는 아파트 한 채를 선택할 수 있는 판단 기준을 설명하였다.

아무리 세상이 변하고 인구가 줄어들어도, 시간이 지날수록 가치가 높아지는 아파트는 항상 존재한다.

지금까지 설명한 내용을 전체적으로 꼼꼼히 읽어보고 글의 전개에 따라 모의로 투자할 아파트를 선택하는 연습을 반복한다면, 아파트를 보는 눈이 이전과는 분명히 달라져 있을 거라고 확신한다.

실제 투자에 앞서 투자할 아파트를 선택하는 과정을 체크리스트로 만들어서 범위를 점점 좁혀 나가보면 더욱 좋다. 다른 과정은 자유롭게 기록하되 기왕이면 본인이 그 아파트를 매입하려는 시점, 매입 이유, 매입가격, 희망하는 매도가격과 그 이유 그리고 실제 매도가격을 명확하게 체크리스트에 적어두고 데이터베이스화하면, 나도 몰랐던 개발호재와 아파트 시세변동의 상관관계를 알 수 있다.

내가 투자할 수 있는 아파트는 많아야 1~2채에 불과하므로, 내가 실제로 투자한 아파트와 더불어 매입 후보에 올려놓았던 아파트도 투자한 것으로 간주하고 같이 모니터링하면 표본수를 늘릴 수 있고 신뢰도도 높일 수 있다.

체크리스트 작성 방법에 특별히 어떻게 해야 한다고 정해진 것은 없으므로, 투자자가 스스로 양식을 만들어 보기를 권장한다.

글을 마무리하면서 독자 여러분에게 한 가지만 당부하고자 한다. 내가 최종적으로 선택한 아파트에 실제로 투자할 수 있는지 여부를 결정할 때 결국 투자자 개인 능력의 한계치를 기준으로 삼아야 한다는 것이다.

예를 들어 향후 가치가 상승할 만한 모든 조건을 충족하는 아파트를 매입하는 데 2억 원이 필요한데, 내가 모든 수단을 총동원해서 마련할 수 있는 투자자금이 1억원이라면 무리해서 그 아파트를 매입해서는 안 된다.

설령 투자자금 2억원으로 매입할 수 있는 아파트는 향후 1억원의 수익을 올릴 수 있는 반면, 1억원으로 매입할 수 있는 아파트는 3,000만원 정도의 수익밖에 올릴 수 없다고 하더라도 후자를 선택하는 것이 옳다. 능력의 한계치를 벗어나는 투자는 지양해야 한다.

아파트 투자로 단기간에 수십억을 벌겠다거나, 지금까지 나를 힘들게 했던 운명을 한순간에 바꿔 보겠다는 허황된 꿈을 꾸는 사람들은 대부분 좋지 못한 결과를 손에 받아들곤 한다. 자신의 한계치를 간과하는 순간 많은 것을 잃을 수 있음을 꼭 명심하기 바란다.

이 책이 세상에 나올 수 있도록 힘써주신 도서출판 길벗의 모든 관계자분들께 감사의 인사를 올리며, 원고를 집필하는 동안 내조에 힘써준 나의 아내 희경과 일에 몰두하느라 많은 시간을 함께하지 못해 미안한 나의 아들 예준, 재준에게도 진심으로 감사한 마음을 전하고 싶다.

부디 나의 글이 독자 여러분의 인생에 조금이나마 긍정적인 영향을 미치기를 소망해 본다.

부동산 왕초보를 위한
길벗의 부동산 시리즈 도서

부동산 상식사전

큰돈 들어가는 부동산 거래, 내 돈을 지켜주는 필수 상식 157!

▶ 계약 전 펼쳐보면 손해 안 보는 책!
▶ 집, 상가, 경매, 땅! 부동산 풀코스 완전정복!
▶ 20만 독자의 강력 추천! 13년 연속 베스트셀러

백영록 지음 | 580쪽 | 17,500원

부동산 경매 무작정 따라하기

내 집 마련은 물론 시세차익 실현, 임대수익 창출까지!

▶ 부동산 경매의 A to Z
▶ 왕초보도 실수 없이 권리분석하고 안전하게 낙찰받는다!
▶ 부동산 경매 대표 입문서

이현정 지음 | 424쪽 | 18,000원

이기는 부동산 투자

시장과 정책에 흔들리지 않는 부동산 투자의 정석!

▶ 인기부동산 팟캐스트 월전쉽이 공개하는 부동산 투자 비책
▶ 정책을 알면 현명한 투자의 길이 보인다!
▶ 부동산 현장에서 터득한 고급정보와 알짜 노하우 공개!

월전쉽 지음 | 312쪽 | 16,500원

당신의 빛나는 시작을 위한
길벗출판사의 〈창업〉 시리즈

콘셉트 잡기, 인테리어, 메뉴 개발,
상권분석, 운영·관리, 마케팅까지!

동네 카페 무작정 따라하기
권법인 지음 | 276쪽 | 16,500원

4평 쪽가게에서 5억 버는
김사장&오사장의 비법 전수

대박 옷가게 무작정 따라하기
김승민, 오은미 지음 | 344쪽 | 17,500원

왕초보도 맨손으로
무역창업을 할 수 있는 책

무역&오퍼상 무작정 따라하기
홍재화 지음 | 374쪽 | 16,800원

컨설턴트도 모르는 최사장의
음식점 창업 생생 노하우

동네 음식점 무작정 따라하기
최경석 지음 | 352쪽 | 15,000원

5천만원 정부지원 창업자금
제대로 타먹는 법!

작아도 크게 버는 골목 가게의 비밀
김준호 지음 | 328쪽 | 15,000원

믿음직한 계약서 작성부터 갈등 없는
매장운영까지 돈이 되는 65가지 이야기

프랜차이즈 창업 상식사전
하명진 지음 | 288쪽 | 14,500원

나는 돈이 없어도 경매를 한다

서른 아홉 살, 경매를 만나고 3년 만에 집주인이 되었다!

▶ 돈 되는 집 고르기부터 맘고생 없는 명도까지 OK!
▶ 생동감 넘치는 경매 에피소드와 저자의 투자상세내역 대공개!
▶ 경매 상황별 궁금증을 속시원하게 풀어주는 Q&A와 깨알팁

특별부록 공실률 제로! 초간단 셀프 인테리어

이현정 지음 | 360쪽 | 16,000원

주식투자 무작정 따라하기

100만 왕초보가 감동했다! 완벽한 투자입문서!

▶ 주식 시장을 즐거운 전투장으로 만들어준 최고의 주식투자서
▶ HTS 활용은 기본! 봉차트, 추세선, 이동평균선까지 완벽 학습
▶ 독자 스스로 해답을 구할 수 있는 실용코너가 한가득!

윤재수 지음 | 420쪽 | 18,000원

부자를 만드는 부부의 법칙

결혼 10년 10억 만든 부부 합심 재테크의 정석!

▶ 결혼 후 당신이 알아야 할 돈에 대한 모든 것
▶ 이웃집 작은 부자들의 실제 자산변동&투자내역과 한 달 가계부 대공개!
▶ 푼돈 재테크부터 풍차 돌리기, 내집마련, 임대수익, 땅투자, 투잡 비결까지!

특별부록 나눔부자의 내집 마련 기술 7

슈퍼짠 부부 8쌍 지음 | 336쪽 | 15,000원

짠테크 전성시대

절약으로 시작하는 3배속 부자법칙

▶ 롤러코스터 같은 재테크 말고, 맘 편하게 꾸준히 자산을 불려주는 방법
▶ 회원 수 80만 명 짠돌이카페(Daum)의 15년 짠테크 노하우 무한 방출
▶ 똑똑한 월급 재테크, 기적의 가계부 작성, 소득별 종잣돈 만들기,
  정부지원금 골라먹기

짠돌이카페 편 | 이보슬 저 | 324쪽 | 13,500원

꼼꼼하게 모으고 안전하게 불리는 비법 152
월급쟁이 재테크 상식사전

▶ 40만 독자 인정! 유리지갑 월급쟁이를 위한 재테크 교과서!
▶ 종잣돈, 예적금, 펀드, 부동산, 보험, 주식, 연말정산….
　현실밀착형 지식으로 재테크의 득과 실을 따져라!
▶ 불안한 내 월급에 날개를 달아줄 재테크 1등 책!

우용표 지음 | 584쪽 | 17,500원

경제뉴스가 말랑말랑해지는 핵심 키워드 174
경제 상식사전

▶ 알쏭달쏭 경제용어 설명은 기본!
　최신 경제 이슈만 쏙쏙 골라 읽는다!
▶ 재미있는 일러스트, 최신 경제 정보! 재미와 정보를 한 번에!
▶ 입시, 취업, 승진, 테셋(TESET)을 앞둔 수험생에게 강력추천!

김민구 지음 | 548쪽 | 16,000원

법원 가기 전 꼭 알아야 할 필수 지식 66!
부동산 경매 상식사전

▶ 돈 되는 경매물건 고르기부터 권리분석, 수익계산, 명도까지!
▶ 당신의 첫 경매를 성공으로 이끌 경매지식 완전정복!
▶ 폭탄물건 피하고 안전한 물건 잡는 비법!

백영록 지음 | 364쪽 | 15,500원

돈 없는 당신도 집주인, 상가주인, 땅주인이 될 수 있다

이제, 돈 되는 경매다

▶ 쉬운 경매로 3년 동안 21채 집주인이 되었다!
▶ 새로운 시장에 대응하는 62가지 경매 노하우
▶ 경매로 인생이 바뀐 8인의 솔직한 인터뷰 수록

이현정 지음 | 400쪽 | 16,800원

해결법을 알면 마법같은 수익률이 나타난다!

경매 승부사들

▶ 대한민국 최고 경매 변호사가 밝히는 성공 방정식
▶ 역세권 아파트, 재개발 재건축, GTX 효과 등 앞으로 2년 반드시 알아야 할 경매 전략 수록
▶ 수십가지 에피소드 안에 담겨진 고수들의 전략과 탑 시크릿!

정충진 지음 | 252쪽 | 15,000원

반드시 수익 내는 주식투자 3단계 원칙

나는 하루 1시간 주식투자로 연봉 번다

▶ 1시간 투자하면 안정적인 투자수익을 얻는다!
▶ 8년째 주식 맞벌이를 해온 부부의 투자 노하우 수록
▶ 종목선정 노하우부터 최적의 매도/매수 타이밍, 예약주문 활용법까지!

최금식 지음 | 328쪽 | 16,500원